路基路面工程习题集

宋云连 主编

人民交通出版社股份有限公司
北京

内 容 提 要

本习题集在编写过程中,融入了最新的标准、规范和方法,并且依照各章内容的特点,有选择地编入了填空题、选择题、判断题、名词解释、论述题和计算题等几种题型,并给出了详细的参考答案。

本教材可作为高等学校土木工程、道路桥梁与渡河工程、市政工程、机场工程、港口航道工程、交通工程、或者其他相近专业人员学习路基路面工程时的学习辅助指导书,也可作为道路与铁道工程等专业研究生的学习参考资料。

图书在版编目(CIP)数据

路基路面工程习题集 / 宋云连主编. — 北京：人民交通出版社股份有限公司，2022.9
ISBN 978-7-114-17964-8

Ⅰ.①路… Ⅱ.①宋… Ⅲ.①路基工程—高等学校—习题集②路面—道路工程—高等学校—习题集 Ⅳ.①U416-44

中国版本图书馆 CIP 数据核字(2022)第 080937 号

Luji Lumian Gongcheng Xitiji

书　　名:	路基路面工程习题集
著 作 者:	宋云连
责任编辑:	李　瑞
责任校对:	赵媛媛
责任印制:	刘高彤
出版发行:	人民交通出版社股份有限公司
地　　址:	(100011)北京市朝阳区安定门外外馆斜街 3 号
网　　址:	http://www.ccpcl.com.cn
销售电话:	(010)59757973
总 经 销:	人民交通出版社股份有限公司发行部
经　　销:	各地新华书店
印　　刷:	北京虎彩文化传播有限公司
开　　本:	787×1092　1/16
印　　张:	10.25
字　　数:	226 千
二维码习题答案字数:	207 千
版　　次:	2022 年 9 月　第 1 版
印　　次:	2022 年 9 月　第 1 次印刷
书　　号:	ISBN 978-7-114-17964-8
定　　价:	55.00 元

(有印刷、装订质量问题的图书,由本公司负责调换)

前言

全书共分为十二章,习题包含了路基工程和路面工程的主要内容,即包括路基路面工程概论、路基土的特性及设计参数、路基设计、路基防护与支挡结构设计、路基施工、交通荷载及路面材料设计参数、路面基层、沥青路面及其结构设计、水泥混凝土路面及其结构设计、路基路面排水设计、路面施工、路基路面养护与管理。

本习题集在编写过程中,融入最新的标准、规范和方法,依照各章内容的特点,有选择地编入填空题、选择题、名词解释、论述题、计算题和判断题等题型,并给出参考答案。各章均分为本章内容提要、练习题、本章参考答案三部分,其中参考答案部分可通过扫描封面二维码获取。

本习题集是"路基路面工程"课程的同步辅助学习资料。可作为高等学校土木工程、道路桥梁与渡河工程、市政工程、机场工程、港口航道工程、交通工程专业,或者其他相近专业人员学习路基路面工程时的学习辅助指导书,也可作为道路与铁道工程等专业研究生的学习资料。

人民交通出版社股份有限公司特别邀请东南大学马涛教授为特约审稿人,对本习题集提出了全面、广泛、细致的修改意见,在此特向他表达诚挚的谢意。本书责任编辑李瑞女士为书稿的完善及相关工作统筹付出了大量心血与辛勤劳动,在此特表谢意。另外,内蒙古工业大学的马建国老师提供了部分路基资料,研究生高盼、刘佳伟、张捷、秦继伟、刘岳森等也在本书的编写过程中提供了宝贵资料并编写了文字图表,在此特表谢意!

由于作者水平有限,书中难免会有不妥之处,敬请广大读者批评指正,提出宝贵意见,以便及时修改完善,联系邮箱:751904198@qq.com。

宋云连

2022 年 5 月于内蒙古工业大学

目 录
Contents

第一章　路基路面工程概论·· 001

第二章　路基土的特性及设计参数·· 007

第三章　路基设计··· 016

第四章　路基防护与支挡结构设计··· 035

第五章　路基施工··· 055

第六章　交通荷载及路面材料设计参数··· 064

第七章　路面基层··· 082

第八章　沥青路面及其结构设计·· 090

第九章　水泥混凝土路面及其结构设计··· 111

第十章　路基路面排水设计··· 125

第十一章　路面施工·· 131

第十二章　路基路面养护与管理·· 136

附录1　交通量计算常用公式及表格··· 140

附录2　《公路沥青路面设计规范》(JTG D50—2017)中常用计算公式
　　　及表格··· 143

附录3　《公路水泥混凝土路面设计规范》(JTG D40—2011)中常用
　　　计算公式及表格··· 148

附录4　利用"好路网"设计软件需准备的设计参数································· 153

参考文献·· 157

第一章 路基路面工程概论

[内容提要]

本章习题主要考查路基路面工程的发展概况、工程特点与使用性能要求、路基路面结构分层及各层位功能、影响路基路面结构的因素,以及公路自然区划的概念及其划分结果等知识点。

1. 道路的发展阶段

道路的发展可大致分为以下4个阶段。

第一阶段:供行人和牛马及其他兽类行走、驮运货物的阶段。此时的道路通常称为小路或小径。

第二阶段:供畜力车辆和行人通行的大道阶段。在中国,有"路""驰道""康衢""驿道"等名称;在欧洲,罗马道路非常发达,有"条条大道通罗马"之说。

第三阶段:供汽车行驶的公路阶段。

第四阶段:以汽车高速分车道行驶为特征的高速公路阶段。

半个世纪以来,我国路基路面工程经过努力取得了许多突破性的系列成果:公路自然区划、土的工程分类、路基强度与稳定性、高路堤修筑技术与支挡结构、软土地基稳定技术、岩石路基爆破技术、沥青路面结构及其设计理论和方法、水泥混凝土路面结构及其设计理论和方法、半刚性沥青路面结构、沥青路面材料组成设计、路面使用性能与表面特性、绿色道路路面建设技术、路面养护管理。

2. 路基路面工程概念及其性能要求

(1)路基工程概念及其性能要求。

(2)路面工程的概念、特点及其性能要求。

3. 路基路面结构及层位功能

(1)路基的横断面组成三要素(路基宽度B、路基高度H、路基边坡坡率i)。

(2)路面结构的层位组成(面层、基层、功能层、路基)以及层位功能。
(3)路面面层类型及适用范围。
(4)路面分类。
4.路基路面结构的影响因素
(1)影响路基路面结构稳定性的多类因素。
(2)各种因素的影响规律和特点。
5.公路自然区划
(1)公路自然区划的目的。
(2)公路自然区划的原则。
(3)公路自然区划的类型以及各类区划的特点。

练 习 题

一、填空题

1.我国大陆第一条通车的高速公路是1988年10月31日通车的_____高速公路。

2.作为路面的支承结构物,路基必须具有足够的_____、稳定性和耐久性。

3.公路是一种线形带状工程构造物。它主要承受_____重复作用,以及_____的长期作用。

4.路基路面工程为了满足行车和各种自然因素的作用,必须具备的性能要求有_____、稳定性(水稳定性和热稳定性)、耐久性、舒适性(表面平整度)和安全性(表面抗滑)等。

5.路面结构自下而上各层结构分别为土基、功能层(必要时)、_____和面层等。

6.路面结构依据其力学特性和设计方法的特点,可以划分为_____(也称柔性路面)、复合式路面和_____(也称刚性路面)。

7.行车道宽度主要与_____和_____有关。

8.行车道数是由_____和_____决定的。

9.制动产生的_____方向的荷载沿深度衰减很快,故基层设计时可以不考虑制动荷载的作用,而制动荷载只在_____层考虑即可。

10.我国1986年制定了《公路自然区划标准》(JTJ 003),该区划是根据_____个原则制定的。"公路自然区划分"分_____级进行区划。

11.我国公路自然区划分中有_____个一级自然区。二级区的划分则因区而异,主要以_____作为指标分为6个等级,分别为过湿、中湿、润湿、润干、中干和_____。

12.我国公路自然区划中的一级区划有Ⅰ北部多年冻土区、Ⅱ东部温润季东区、Ⅲ黄土高原干湿过渡区、Ⅳ_____、Ⅴ_____、Ⅵ西北干旱区和Ⅶ青藏高寒区。

二、选择题

1.路基路面的使用要求,除了全天候畅通、高速、舒适、经济外,还有(　　)方面的要求。
　　A.防尘性　　　　B.排水性　　　　C.防渗性　　　　D.安全性

2.各等级公路的(　　)、路缘带、匝道、变速车道、爬坡车道、硬路肩和应急停车带等均应铺筑路面。
　　A.行车道　　　　B.土路肩　　　　C.排水沟　　　　D.碎落台

3.路基土和路面材料的几何性质和物理性质,随着周围环境中温度与湿度的变化而发生较大的变化,故温度和湿度是对路基路面结构有着重要影响的环境因素。温度对路面结构及其材料的影响,一般情况下,层位越靠上,温度对其材料性能的影响就越(　　)。
　　A.无规律　　　　B.敏感　　　　　C.不敏感　　　　D.无影响

4.修筑功能层所用的材料不一定要求强度高,但水稳定性和隔温性能要好。功能层的主要功能是加强路面结构层之间的联结,或者改善(　　)的湿度和温度状况。
　　A.面层　　　　　B.路基　　　　　C.基层　　　　　D.防冻层

5.路表面温度会随着气温变化而变化,但由于部分太阳辐射热被路面吸收,故路表面的温度比气温高,而且沥青路面温度增加的幅度(　　)水泥混凝土路面。
　　A.小于　　　　　B.大于　　　　　C.等于　　　　　D.无规律

6.在制定公路自然区划的主要指标时,根据我国地理、地貌、气候等因素,以均温等值线和三阶梯的两条等高线作为一级区划的标志。其中均温等值线是指全年均温(　　)等值线和一月均温(　　)℃等值线。
　　A.-2℃和1℃　　B.0℃和0℃　　　C.-2℃和0℃　　　D.-4℃和1℃

7.在制定公路自然区划的主要指标时,根据我国地理、地貌、气候等因素,以均温等值线和三阶梯的两条等高线作为一级区划的标志。其中两条等高线是指(　　)等高线。
　　A.2000m 和 3000m　　　　　　　B.2000m 和 4000m
　　C.1000m 和 2000m　　　　　　　D.1000m 和 3000m

8.我国公路自然区划的一级区化是按(　　)划分的。
　　A.自然气候、全国轮廓性地理、地貌、各地年降雨量
　　B.潮湿系数
　　C.各地自然特点
　　D.各地行政区域

9.我国公路自然区划的二级区划是按(　　)划分的。
　　A.自然气候、全国轮廓性地理、地貌、各地年降雨量

B.潮湿系数 K
C.各地自然特点
D.各地行政区域
10.我国公路自然区划分为三个等级,一、二、三级分别有(　　)个。
　　A.7、33、不定　　　　　　　　B.7、33、19
　　C.7、52、不定　　　　　　　　D.33、7、19

三、名词解释

1.路基工程

2.路面工程

3.路床(上、下路床)

4.路堤(上、下路堤)

5.稳定性(包括水稳定性和热稳定性)

6.多年冻土

四、简答题

1. 简述影响路基路面结构稳定性的因素。

2. 试述路面结构中基层和功能层的作用,以及对基层和功能层的基本要求。

3. 简述路基和路面在公路中的作用。路基路面的性能要求包括哪些方面？即对路基有哪些基本要求？对路面有哪些基本要求？

4. 简述路基路面工程的特点。

5.简述路面结构分层的原因及组成,以及各层的作用及其对材料的要求。

6.简述公路自然区划的原则与区划的结果,以及公路自然区划的意义。

第二章

路基土的特性及设计参数

[内容提要]

本章习题主要考查路基土的分类方法及路基土的工程特性、路基土水温状况和路基土干湿类型划分方法及划分结果、路基的力学强度特性、路基的承载能力及材料参数,以及路基稳定性验算主要参数的知识点。

1.路基土的分类

(1)我国公路用土分类包括巨粒土、粗粒土、细粒土和特殊土4类,共计12种土的分类总体系见图2-1,土的粒组划分见图2-2。

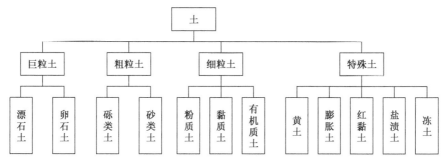

图2-1 土分类总体系

| 200 | | 60 | 20 | 5 | 2 | 0.5 | 0.25 | 0.075 | 0.002(mm) |

巨粒组		粗粒组						细粒组	
漂石(块石)	卵石(小块石)	砾(角砾)			砂			粉粒	黏粒
		粗	中	细	粗	中	细		

图2-2 土的粒组划分

(2)路基土的工程性质。
①级配良好的砾石混合料是良好的路基路面材料。
②巨粒土是良好的路基材料。
③砂类土是施工效果最优的路基建材。
④黏质土是较常见、效果也较好的路基路面建材。
⑤粉质土属于不良材料,最容易引起路基病害。
⑥特殊土用于路基时必须采取技术措施加以处理。
(3)路基填料的选择。
2.路基的力学强度特性
(1)路基受力分析:掌握路基自重应力和附加应力的概念。
(2)路基工作区定义及其计算方法。
(3)路基土的受力特性(非线性、弹塑性)。
(4)重复荷载对路基土的影响:弹性变形和塑性变形。
(5)路基承载能力参数。
3.路基的水温状况与干湿类型
(1)路基湿度的来源及其对路基水温状况的影响。
(2)土的基质吸力与饱和度指标。
(3)毛细水上升高度。
(4)路基平衡湿度状况及其预估方法。
(5)路基平衡湿度(用饱和度来表示)状况划分依据及划分结果:潮湿、中湿和干燥。
4.路基的抗变形能力及材料参数
(1)回弹模量 E_0。
(2)路基土动态回弹模量 M_R。
(3)路基反应模量 K。
(4)加州承载比 CBR。
(5)路堤填土或地基土的强度参数 c、φ 值。

练 习 题

一、填空题

1.路基土以 60mm 作为粗粒组与巨粒组的分界,以_____mm 作为细粒组与粗粒组的分界,其中 2mm 是粗粒组中的砾与砂粒的区分界限,0.002mm 是粉粒与黏粒的区分界限。

2.路基填料应选择_____、水稳性好、压缩性小,而且运输便利、施工方便的天然土源。

3.路基土的应力-应变关系除了_____之外,还表现出弹塑性的性质。

4.用来测定路基土模量的承载板有柔性承载板和_____。

5.原始土具有自然含水率,路基水的主要来源有大气降水、地面水、_____、毛细上升水、水蒸气凝结水、薄膜移动水、负温迁移水等。

6.根据我国现行规范的规定,公路水泥混凝土路面、沥青路面设计方法都以_____作为路基的刚度指标。

7.路基的潮湿类型是由其平衡湿度状况来确定,平衡湿度是利用土的_____来表示,以此可以将路基的湿度状况分为_____、_____和_____ 3类。

8.土的抗剪强度主要受_____和_____的影响,并取决于土的性质和状态。

9.路基土的内部结构十分复杂,包括_____、_____和气相三部分。

10.在行车荷载的作用下,路基变形较大,说明路基的_____;在水作用下,路基的变形显著增加,说明路基的_____。

11.反映路基承载力的具体指标是_____及_____。

12.路基的自重应力大小是随着深度而逐步_____,汽车荷载在路基内产生轮重的应力,其大小是随着深度而逐步_____。

13.路基应力工作区是从路基路面结构的_____位置开始算起的。

14.土的基质吸力 h_m 主要受地下水、_____、气候等因素影响。

15.路面竣工以后,路基土在整个使用期内都处于_____状态,其湿度状况主要由_____决定。

二、选择题

1.下面哪个指标不是用来表示土基承载力的?(　　)
 A.回弹模量 E_0　　B.地基反应模量 K　　C.加州承载比 CBR　　D.基质吸力

2.公路路基干湿类型判断的依据是(　　)。
 A.填方或挖方高度　　　　　　　B.地表水及地下水位及毛细水上升高度
 C.临界高度　　　　　　　　　　D.分界相对含水率

3.在下面各种公路用土中,最差的材料是(　　)。
 A.黏性土　　　　B.重黏土　　　　C.粉性土　　　　D.砂土

4.路基的应力工作区是指(　　)。
 A.自重压力作用的土基范围　　　B.车辆荷载作用较大的土基范围
 C.路面厚度的范围　　　　　　　D.车辆荷载作用影响较小的土基范围

5.在各种公路土中,修筑路基的理想材料是(　　)。
 A.砂土　　　　　B.砂性土　　　　C.黏性土　　　　D.重黏土

6.用以下几类土作为填筑路堤材料,其工程性质由好到差的正确排列是(　　)。

A.砂性土、粉性土、黏性土 B.砂性土、黏性土、粉性土
C.粉性土、黏性土、砂性土 D.黏性土、砂性土、粉性土

7.重型击实试验与轻型击实试验的本质区别是（　　）。
　　A.击实次数　　　B.击实锤重量　　　C.击实筒大小　　　D.击实功能

8.用贝克曼梁法测定高速公路土基回弹弯沉时,加载车的后轴轴载一般为（　　）。
　　A.60kN　　　　B.80kN　　　　C.100kN　　　　D.120kN

9.下列有关承载能力和强度的说法中,正确的是（　　）。
　　A.回弹模量越大,表示承载能力越小　　B.回弹弯沉值越大,表示承载能力越小
　　C.CBR值越大,表示强度越小　　　　　D.压强值越大,表示强度越大

10.路基的平衡湿度状况可依据路基的湿度来源分为潮湿、中湿、干燥三类。其中路基的平衡湿度是用下面哪个指标表示的？（　　）
　　A.基质吸力 h_m　　　　　　　　B.饱和度 S
　　C.路基填土高度 h　　　　　　　D.毛细水上升高度 h_0

11.根据我国地貌、气候等因素,制定公路自然区划时,主要指标是以均温等值线和三阶梯的西部高原作为一级区划的标志。其中均温等值线是指（　　）。
　　A.全国均温0℃等值线和一月均温0℃等值线
　　B.全国均温0℃等值线和一月均温-1℃等值线
　　C.全国均温-2℃等值线和一月均温-1℃等值线
　　D.全国均温-2℃等值线和一月均温0℃等值线

12.路基土在重复荷载作用下产生的塑性变形积累,最终将导致两种结果:一种是土体逐渐压密,变形越来越小直至稳定;另一种是重复荷载每次作用都在土体中产生逐步发展的剪切变形,造成土体整体剪切破坏。最终导致何种状况,下列哪一项不是其主要决定因素？（　　）
　　A.土的性质和状态
　　B.当地的气候条件
　　C.重复荷载大小
　　D.重复荷载的施加速度和持续时间及其作用频率

13.在车辆荷载作用下,土基中的综合压应力分布如图2-3中的（　　）所示。

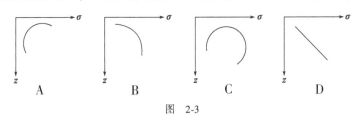

图 2-3

14.路基土内水的负温迁移是由于路基内不同深度处的温度差异,使水分以液态或气态由热处向冷处迁移和积聚(或凝结)的现象,它是引起路基冻胀和翻浆现象的主因,这

个负温迁移现象一般发生在下列哪个温度之间？（　　）

  A.0~-3℃　　　　B.2~-1℃　　　　C.-3~-5℃　　　　D.-5~-10℃

三、判断题

  1.路基的应力工作区是指自重土压力作用的土基范围。（　　）
  2.路基的应力工作区是从路基顶面起往下算的。（　　）
  3.自然因素对路基的影响主要是温度和湿度。（　　）
  4.土的抗剪强度主要取决于内摩擦角φ及黏聚力c。（　　）
  5.路基的平衡湿度是使用含水率来表示的。（　　）
  6.路基的平衡湿度状况依据路基的湿度来源划分为潮湿、中湿和干燥3类。（　　）
  7.路基路面工程直接暴露在大气之中，主要经受着温度和湿度等主要环境因素的影响，即路基路面工程的温度和湿度状况随周围环境的变化而变化。（　　）
  8.在分析路基应力工作区时，由于路面材料的刚度和重度都比路基土大，故需要将原有路面层厚度h_i进行等效折算成当量厚度h_e。一般情况下，h_e都比h_i小。（　　）
  9.路基填土高度应满足公路等级所对应的路基设计洪水频率，即其设计洪水位。其中路基填土高度是不包括路面厚度的。（　　）
  10.土基回弹模量测试，可以不进行预压直接进行加载测试。（　　）
  11.土基CBR值测试，标准压强(当贯入量为5.0mm时)为10.5MPa。（　　）
  12.季节性冰冻地区所有道路都会发生冻胀和翻浆现象。（　　）
  13.路面竣工以后，路基土在整个使用期内都处于非饱和状态，其湿度状况主要由基质吸力决定。（　　）
  14.土中毛细水上升高度与毛细管直径成反比。（　　）
  15.我国公路水泥混凝土路面、沥青路面设计方法都以回弹模量E_0作为路基的刚度指标。（　　）

四、名词解释

  1.不均匀系数C_u

  2.曲率系数C_c

3.冻胀与翻浆

4.基质吸力 h_m

5.击实曲线

6.黄土湿陷性

7.路基土动态回弹模量 M_R

8.加州承载比(CBR)

9.回弹模量 E_0

10.路基反应模量 K

11.路堤的极限高度

五、简答题

1.简述路基工作区概念及影响其深度的因素。

2.简述温度造成的路基、水泥混凝土路面和沥青路面病害。

3.简述路基土中水的负温迁移现象。

4.简述路基平衡湿度概念,以及路基平衡湿度的评价指标、划分种类及各类湿度类型的确定步骤和方法。

5.简述多年冻土的含义及其产生的不良地质现象。

6.影响路基的主要自然环境因素有哪些？简述它们对路基结构的影响。

7.对路基填料有哪些要求？对不同性质的土填筑路堤时要注意哪些问题？

8.土基在重复荷载作用下产生的塑性变形累积的破坏程度取决于何种因素？

9.简述在重复荷载作用下路基土的变形规律。

10.地基反应模量和加州承载比各代表什么？有何异同点？

11.简述路堤的极限高度概念及影响其的相关因素。

六、计算题

有一公路修筑在公路自然区划 V_1 区,轻交通,高液限粉性土 MH,地下水位距离原地面高 1.8m。毛细水上升高度 $h_0 = 3$m,故路基受毛细水浸润高度为 1.2m。路基工作区深度为 Z_a。路基高度与地下水位之间关系如图 2-4 所示。当路基高度 H 分别为 2.5m、2.0m、1.2m 时:

(1)上路床底面和下路床底面的路基平衡湿度状况可能是什么?
(2)如果路基工作区深度为 $Z_a = 1.9$m,则该路基的平衡湿度是什么类型?
(3)以路基高度 $H = 2.5$m 的情况确定其平衡湿度的具体值。

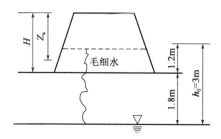

图 2-4 路基浸水示意图

第三章 路基设计

[内容提要]

本章习题主要考查路基概念、路基的几何构造形式、路基工程的附属设施、路基的主要病害类型(如沉陷、边坡塌方、沿坡面滑动等)的产生原因及防治原则、路基横断面设计、一般路基设计方法与设计内容、路基边坡稳定性分析,以及特殊地区修筑路基的一般原则和整体方法等。

1. 路基基本概念与构造
 (1) 路基的基本概念。
 (2) 路基的类型与构造:路堤、路堑、半填半挖。
 (3) 路基的附属设施。

2. 路基的主要病害类型及原因
 (1) 路基沉陷。
 (2) 路基边坡塌方。
 (3) 其他病害。
 (4) 路基病害的防治措施:设计和施工。

3. 路基设计三要素
 (1) 路基宽度 B。
 (2) 路基高度 H。
 (3) 路基边坡坡率 i。

4. 路基边坡稳定性分析
 (1) 边坡滑动面形状的判断。
 (2) 安全系数的概念以及分析方法和计算过程。
 (3) 直线滑动面法和圆弧滑动面法的区别和选择。

(4)圆弧法计算安全系数时圆心确定方法:4.5H 法和 36°法。
(5)软弱地基可能引起的病害以及处理方法。
(6)浸水和地震作用下边坡稳定性计算的不同。
5.特殊路基设计
(1)滑坡地段路基。
(2)崩塌与岩堆地区路基。
(3)泥石流地区路基。
(4)岩溶地区路基。
(5)软土地区路基。
(6)多年冻土地区路基。
(7)风沙地区路基。
(8)其他特殊土质路基。

练 习 题

一、填空题

1.路基横断面形式可分为路堤、_____和半填半挖路基。
2.一般路基设计包括的内容有_____、填料选择、边坡设计、排水防护等工程内容。
3.一般路基横断面设计内容包括:路基宽度、路基高度和_____。
4.路堑的常见形式分为_____、台口式路基及半山洞路基 3 种。
5.路堤是高于天然地面的填方路基,而路堑是_____。
6.护坡道一般设置在_____处,碎落台主要设在_____处。
7.按照《公路路基设计规范》(JTG D30—2015)的规定,土质路堤填土高度小于_____称为低路堤,填方边坡高度高于_____的称为高路堤,介于两者之间的称为一般路堤。
8.低路堤设计应特别注意:①_____、②_____和③地基的处理和加固。
9.公路路基是按照路线位置和一定技术要求修筑的带状构造物,是_____的基础。
10.路基工程包括路基结构和路基设施,其中路基设施包括路基排水、_____、路基加固,以及其他附属设施等。
11.土基的压实程度对路基的_____和_____影响极大。
12.影响路基工程质量和导致路基产生病害的基本前提是_____,而且主要原因是_____。

13. 常见的路基病害有翻浆、冒泥、_____、挤出和冻害五大类。
14. 根据破坏规模与原因的不同,路基边坡塌方可分为剥落、_____、崩坍和_____等。
15. 公路通过不良地质水文地区或遭遇较大的自然灾害作用是指巨型滑坡、错落、泥石流、雪崩、溶洞陷落、_____及_____等。
16. 盐渍土路基主要病害是_____、_____、_____等。
17. 一般路堤边坡设计中,确定边坡坡率应考虑_____和_____两个因素。
18. 路基破坏的形式有边坡上的剥落、滑塌、溜方、_____等,以及路基沿坡面整体下滑或局部沿原地面向下移动。
19. 松散的砂性土和砾石内摩擦角较大,黏聚力较小,滑动面近似_____,在进行边坡稳定性力学分析计算时,平面力学模型采用_____。
20. 黏性土黏聚力较大,内摩擦角较小,破裂时滑动面为圆柱形、碗形,近似于圆曲面,在进行边坡稳定性力学分析计算时,平面力学模型采用_____。
21. 在进行边坡稳定性分析计算时,作用在边坡上方道路上的车辆荷载按等效换算方法处理,即将车辆荷载换算成_____。
22. 对于_____、浸水路堤、深路堑,以及特殊地质路段的路基,应进行特殊设计。
23. 黏性土和砂类土路堑边坡的形式,可根据土的组织结构、均匀程度、_____、可塑状态等进行选择。
24. 对于一般匀质黏性土,如果没有大的裂隙面影响路堑边坡,根据土的密实程度、_____和边坡高度确定边坡坡率。
25. 匀质的砂土及砂类土路堑边坡,边坡坡率与边坡土的密实程度和_____有关。
26. 岩石路堑边坡稳定性,除与地质构造地面水和地下水的作用、施工方法和地震作用、边坡坡率及坡高等因素有关外,还与_____和_____有关。
27. 根据规范推荐的参数表选择岩石路堑边坡坡率时,主要根据岩石种类、边坡高度和_____确定。
28. 路基边坡的坡率是边坡高度与边坡宽度的比值,写成 $1:m$,m 值越大则边坡越_____,m 值越小则边坡越_____。
29. 在进行路基边坡稳定性验算时,_____、_____和重度是必不可少的土质参数。
30. 验算路基边坡稳定性时,一般情况下,可只考虑破裂面通过_____的稳定性,路基下为软弱土层时,还应考虑破裂面通过_____的可能性。
31. 通过试验测定路基边坡稳定性验算所需参数时,路堤地段采取_____的数据;路堑地段采取_____的数据。
32. 用条分法进行路基边坡稳定性设计时,不考虑滑动体内应力分布,并且假设土是均质和各向同性外,还假设_____及_____。

33.陡坡路堤下滑的原因除地面横坡较陡或地基土层软弱外,主要是由于_____和_____的不利影响。

34.若路堤修在陡坡上,基底为不稳定的山坡覆盖层,下卧岩层面又为陡坡,则路堤可能的滑动形式有_____和_____。

35.对于黏性土和砂性土路堑边坡,若边坡土质均匀或为薄层土层,水文地质条件较好,宜采用_____边坡,当土质不均匀,边坡较高时,可采用_____边坡。

36.为了提高路基的强度和稳定性,最普遍采用的措施是保证路基具有足够强度,并且_____和充分压实。

37.瑞典法与毕肖普法相比,其主要缺点是_____。

38.土质边坡失稳分析都以_____为理论基础,按照力的_____建立相应的计算公式。

二、选择题

1.下列哪些不属于路基工程的附属设施?(　　)
　A.弃土堆和取土坑　　　　　　B.加速车道和路肩
　C.护坡道和碎落台　　　　　　D.急流槽和消力池

2.路基和边坡等发生病害的原因不可能是下面哪一项?(　　)
　A.路基土压实不足　　　　　　B.坡面上荷载失稳
　C.冻胀和融化　　　　　　　　D.地下水水位太低

3.路基宽度不包括下面哪一项?(　　)
　A.行车道和路肩　　　　　　　B.中间带和紧急停车带
　C.变速车道和爬坡车道　　　　D.边坡宽度

4.二级及二级以下新建公路路基设计高程是指(　　)。
　A.设超高加宽前的路基边缘高程　B.路基边缘高程
　C.路面中心高程　　　　　　　D.路槽高程

5.一般路基设计方法是(　　)。
　A.套用典型断面图　　　　　　B.拟定边坡坡率,然后进行稳定性验算
　C.用工程地质法确定边坡值　　D.视具体情况而定

6.无路拱与有路拱一端的土质路基连接处(　　)。
　A.应向土质路基方向用渗水土作过渡段,过渡段的长度一般不小于10m
　B.应向土质路基方向用非渗水土作过渡段,过渡段的长度一般不小于10m
　C.应向土质路基方向用非渗水土作过渡段,过渡段的长度一般不大于10m
　D.应向土质路基方向用渗水土作过渡段,过渡段的长度一般不大于10m

7.路堤边坡形式一般有多种形式,但是下面哪种形式一般不在工程中应用?(　　)
　A.直线形边坡　　B.折线形边坡　　C.台阶形边坡　　D.抛物线边坡

8.对于黏性土和砂性土相间路堑边坡,当工程地质和水文地质条件较差,或边坡高度超过 15~20m 时,较安全的措施宜采用(　　)边坡。
　　A.直线形　　　　　　　　　　　B.折线形,上缓下陡
　　C.折线形,上陡下缓　　　　　　 D.台阶形

9.黏性土路堤边坡高 16m,其边坡坡率可采用(　　)。
　　A.1∶1.5　　　　　　　　　　　 B.1∶1.75
　　C.8m 以上用 1∶1.5,8m 以下用 1∶1.75　　D.按边坡稳定性验算结果确定

10.在路基的常见病害中,由于山坡陡峭,基底的摩擦力不足而引起的病害是(　　)。
　　A.路基沉陷　　B.路堤沿山坡滑动　　C.路堤边坡滑坍　　D.地基沉陷

11.路基边坡土体,沿着一定的滑动面整体向下滑动,这种现象被称为(　　)。
　　A.剥落　　　　B.碎落　　　　　　C.滑坍　　　　　　D.崩坍

12.路基边坡的滑塌破坏属于(　　)。
　　A.受压破坏　　B.弯拉破坏　　　　C.剪切破坏　　　　D.由土质而定

13.土坡稳定性分析方法,按失稳土体的滑动面特征划分的是(　　)。
　　A.直线法　　　B.曲线法　　　　　C.毕肖普法　　　　D.折线法

14.边坡稳定性分析时,确定滑动面最危险位置的方法是(　　)。
　　A.试算法　　　B.解析法　　　　　C.4.5H 法　　　　　D.传递系数法

15.黏性土边坡稳定性分析时一般采用条分法,下列哪个不是常用的条分法?(　　)
　　A.瑞典法　　　B.毕肖普法　　　　C.简布法　　　　　D.直线滑动面法

16.黏性土边坡稳定性分析常用的下列条分法中,一般情况下误差最大的是(　　)。
　　A.瑞典法　　　B.毕肖普法　　　　C.简布法　　　　　D.传递系数法

17.对于用碎砾石土填筑的路堤,若边坡不稳定,则验算其稳定性时取其滑动面形状为(　　)。
　　A.平面　　　　　　　　　　　　B.圆曲面
　　C.折线平面　　　　　　　　　　D.由平面圆曲线组合而成

18.对于用砂砾石填筑的路堤,若略去其黏结力不计,根据其边坡稳定性验算的安全系数计算公式,求得 $K>[K]$ 时,则说明(　　)。
　　A.土体处于极限平衡状态
　　B.滑动面上的土体不论坡率多高,都是稳定的
　　C.滑动面上的土体不论坡率多高,都不稳定
　　D.土体可能稳定,也可能不稳定

19.为了验算某陡坡路堤沿基底的滑动稳定性,需对填土和基底土进行试验,测得它们的黏结力 c 和内摩擦角值 φ。经试验知,填土的 c、φ 值为 $c=19.6\text{kPa}$、$\varphi=24°$;基底土的 c、φ 值为 $c=17.64\text{kPa}$、$\varphi=17°$。验算基底的滑动稳定性时应取 c、φ 值为(　　)。
　　A.$c=19.60\text{kPa}$、$\varphi=24°$　　　　B.$c=17.64\text{kPa}$、$\varphi=17°$
　　C.$c=18.64\text{kPa}$、$\varphi=20.5°$　　　D.$c=17.64\text{kPa}$、$\varphi=24°$

20.如图3-1所示的路基边坡,如果进行验算,则下列说法正确的是(　　)。

A.应对滑动面通过 A 点的稳定性进行验算

B.应对滑动面通过 B 点的稳定性进行验算

C.应对滑动面通过 A、B 点的稳定性分别进行验算

D.该路堤为一般性路堤,不需要进行稳定性验算

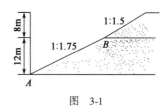

图 3-1

21.按折线滑动面法检算陡坡路堤稳定性时,当计算某条块所得剩余下滑力为负值时,(　　)。

A.该负值计入下一条块

B.该负值不计入下一条块,从下一条块重新开始往下计算剩余下滑力

C.该负值乘以安全系数计入下一条块

D.该负值按一定比例计入下一条块

22.下列用于边坡稳定性分析的条分法中,哪种方法不考虑土条之间的作用力?(　　)

A.毕肖普法　　　　　　　　B.瑞典法

C.简布法　　　　　　　　　D.沙尔玛法

23.提高路基边坡稳定性的各种方法,其最终的目的是(　　)。

A.保持土体重度 γ 值不变　　　　B.减小土体内摩擦角 φ 值

C.提高下滑力,减弱抗滑力　　　　D.减弱下滑力,提高抗滑力

24.浸水路堤两侧水位下降时,动水压力的方向为(　　)。

A.垂直向上　　　　　　　　B.垂直向下

C.沿水流方向指向土体内部　　D.沿水流方向指向边坡外

25.对于两侧受水浸入的路堤,最不利的情况是两侧水位(　　)。

A.缓慢上涨　　B.骤然上涨　　C.缓慢下降　　D.骤然下降

26.在浸水路堤设计中,下列说法只有(　　)是正确的。

A.若路堤用普通土填筑,可不考虑渗透水压力

B.凡用黏性土填筑的路堤,都要考虑渗透动水压力

C.若路堤用透水性较强的土填筑,可不考虑动水压力作用

D.只要是浸水路堤,就必须考虑动水压力的作用

27.下列哪种路基形式不属于特殊路基?(　　)

A.砂石路基　　　　　　　　B.特殊土(岩)路基

C.不良地质路基　　　　　　D.特殊条件下路基

28.软土地基沉降主要是(　　)。

A.瞬时沉降　　　　　　　　　　　　B.固结沉降
C.次固结沉降　　　　　　　　　　　D.瞬时沉降与次固结沉降

29.测量软土地基横向(侧向)位移的仪器设备是(　　)。
A.测斜仪　　　B.电磁沉降仪　　　C.沉降板　　　D.水准仪

三、判断题

1.以现行路基压实度标准路基、路面的基层和底基层的压实度,用重型、轻型击实仪器都可以。　　　　　　　　　　　　　　　　　　　　　　　　　　　　　　(　　)

2.路基的设计高程是指路基边缘高程,而路基高度是指路中心线处的地面高程和路基设计高程的差值。　　　　　　　　　　　　　　　　　　　　　　　　　　(　　)

3.新建公路在设置超高、加宽路段的路基设计高程,为设超高、加宽后的路基边缘高程。　　　　　　　　　　　　　　　　　　　　　　　　　　　　　　(　　)

4.路基宽度一般是指在横断面上两边路肩外缘之间的宽度。　　　　　　(　　)

5.路基边缘设置碎落台和护坡道的作用是相同的。　　　　　　　　　　(　　)

6.在最佳含水率下路基压实后,其水稳定性最佳。　　　　　　　　　　(　　)

7.土的含水率是指土中水与干土质量之比。　　　　　　　　　　　　　(　　)

8.边坡稳定性验算后,K_{min}值越大越好。　　　　　　　　　　　　　　(　　)

9.砂性土路基边坡用直线法验算边坡稳定性。　　　　　　　　　　　　(　　)

10.一般情况下,路堤和路堑采用折线形边坡时,上边坡均陡于下边坡。(　　)

11.路基边坡滑塌的主要原因是土的抗剪强度不足。　　　　　　　　　(　　)

12.黏性土路基边坡一般不能用直线法验算其边坡稳定性。　　　　　　(　　)

13.为了避免因填筑太高而引起路基边坡破坏,规范给出了路基极限高度这一限制指标,用来指导路基设计。　　　　　　　　　　　　　　　　　　　　　(　　)

14.用表解法验算路基边坡稳定性时,不计行车荷载的作用。　　　　　(　　)

15.造成路基破坏的基本前提是不良的地质条件,而水则是引起路基破坏的唯一直接原因。　　　　　　　　　　　　　　　　　　　　　　　　　　　　　(　　)

16.对浸水路堤边坡进行稳定性验算和安全系数 K 计算时,当水处于静止状态时,只有浸水部分土体采用其浮重度和浸水摩擦系数,其余未浸水部分的土体采用原有土体性能参数,计算 K。采用其浮重度计算,且浸水摩擦系数不同,其他土体按土的原有参数进行安全系数计算即可。　　　　　　　　　　　　　　　　　　　　　　(　　)

17.黏性土的抗力以黏聚力为主,内摩擦角较小,边坡破坏时,破裂面近似于平面。
　　　　　　　　　　　　　　　　　　　　　　　　　　　　　　　　(　　)

18.利用透水性较好的填料修筑浸水路堤,分析其在水位上升时的稳定性,不需要考虑动水压力的作用。　　　　　　　　　　　　　　　　　　　　　　　　(　　)

19.进行路基边坡稳定性验算时,砂类土常采用圆弧法,黏性土常采用直线法。(　　)

20.在应用力学验算法对边坡稳定性进行分析时,通常都按平面问题处理。(　　)

21.在浸水路堤中,渗透动水压力的方向与水力坡降线斜交。（　　）
22.利用透水性好的填料修筑浸水路堤,分析其在水位骤降时的路堤边坡稳定性,需考虑动水压力的作用;当分析普通路堤稳定性时,由于动水压力较小可不考虑其影响。（　　）
23.路基边坡滑塌的主要原因是土的抗剪强度不足。（　　）
24.换填法适用于软土厚度较薄的情况。（　　）
25.行车荷载对较高路基边坡稳定性的影响较小,边坡稳定性验算时换算土柱高度可近似分布在路基全宽上,而不一定分布在荷载实际横向分布宽度 B 上,以简化滑动体的重力计算。（　　）
26.行车荷载对沉降的影响,对于高路堤可忽略不计。（　　）

四、名词解释

1.路基沉陷

2.低路堤

3.高路堤

4.浸水路堤

5.陡坡路堤

6.路基宽度 B

7.路肩的作用

8. 路基高度 H

9. 公路路基的设计高程

10. 路基边坡坡率 i

11. 安全系数 K

12. 当量土柱高度 h_0

13. 圆弧滑动极限平衡法

14. 条分法

15.圆心辅助线

16.软土地基次固结沉降

17.软土区路基的临界高度 H_c

18.多年冻土

五、简答题

1.简述一般路基设计的内容。

2.简述决定路基边坡坡率大小的因素。(区分路堤和路堑、土质和岩质)

3.设路堤与路堑时考虑的因素有什么不同？路堑边坡设计时考虑哪些因素？

4.简述路基设计高程和路基高度的区别。

5.为了保证路基的强度和稳定性,路基设计一般有哪些要求？

6.简述保证路基强度和稳定性的措施。

7.试从设计、施工、养护方面论述如何保证路基路面具有足够的强度和稳定性。

8.什么是低路堤？修建时应注意哪些问题？

9.什么是半填半挖路基？它有什么特点？

10.当勘测中确定某路段为高路堤后,试述该高路堤设计工作的内容。

11.路基的附属设施主要包括哪些？各有什么作用？

12. 应用工程地质方法,如何确定碎石类土的路堑边坡?

13. 简述路基发生破坏的原因(外因+内因)。

14. 简述路基的常见病害及其产生的原因和具体的防治措施。

15. 简述常用的陡坡路堤防滑措施。

16.简述下列几种路基病害的概念:碎落、滑坍、崩坍、剥落。

17.简述地震对道路路基的危害及要求。

18.简述路基冻胀与翻浆及其造成的原因,并给出根治路基翻浆可采用的方法和措施。

19.简述直线破裂面法的适用条件与分析步骤。

20.简述折线形滑动面-不平衡推力法的分析步骤。

21.简述采用圆弧法分析边坡稳定性的原理及方法。

22.简述采用圆弧法计算路基边坡稳定性时,4.5H法确定圆心辅助线的方法,用图示的方式画出4.5H法确定圆心位置的结果,并写出步骤。

23.在路基边坡稳定性验算中,浸水路堤与普通路堤有何区别?

24.简述用条分法计算已知滑动面非浸水路堤稳定系数的步骤。

25.陡坡路堤可能的滑动形式有哪些?简述其产生滑动的主要原因,以及陡坡路堤边坡稳定性分析的方法。

26.简述三种不同圆弧条分法的力学假设:A-简单条分法(瑞典法);B-毕肖普法;C-传递系数法,并简述它们各自适用的场合。

27.简述路基边坡稳定性分析方法——工程地质法、圆弧法力学法(数解)各自的适应条件及其区别与联系。用工程地质方法设计路堑边坡时,在野外应收集哪些资料?

六、计算题

1.某砂类土挖方路基边坡,填土内摩擦角 $\varphi = 27°$,黏聚力 $c = 13.90\text{kPa}$,重度 $\gamma = 16.90\text{kN/m}^3$,$H = 7.0\text{m}$。采用的边坡坡率为 1∶0.5。假定 $[K_c] = 1.25$:
(1)求边坡最小稳定性系数;
(2)当 $K_{min} = 1.25$ 时,求最大允许边坡坡率;
(3)当 $K_{min} = 1.25$ 时,求边坡允许最大高度。

2.某路堤填料 $\varphi = 42°$,边坡坡率为 1∶1.45,砂类土,判断该路堤是否失稳。

3.已知某路堑边坡高度为 8m,边坡坡率为 1∶0.75,边坡土体为亚黏土,重度 $\gamma = 17.4\text{kN/m}^3$,土的黏聚力 $c = 11\text{kPa}$,内摩擦角 $\varphi = 24°$($\tan\varphi = 0.45$)。试分析该路基边坡的稳定性,并指出其最危险破裂面的位置。

4.边坡的基本资料为路线经过区域路基填土为砂类土,土的性质见表3-1,道路沿线最大路基边坡高度为 $h=10.7\mathrm{m}$,边坡为梯形边坡。路堑的边坡高度 $h=22.22\mathrm{m}$,边坡部分土为砂类土。汽车荷载当量计算:公路按三级公路标准设计,取汽—20级,车重按 300kN 计算;也可以按照《公路工程技术标准》(JTG B01—2014)规定的标准车辆荷载进行计算,此时车重550kN。本题按前者计算。双向两车道,设计车速为30km/h,路基宽为7.5m,车道宽为3.25m,土路肩宽为0.5m。进行最不利布载。按照以上条件进行边坡稳定性计算,取容许安全系数为1.25,以此判断边坡的稳定性。

土 的 性 质　　　　　　　　表3-1

填方/挖方		
天然重度(kN/m^3)	内摩擦角 φ(°)	黏聚力 c(kPa)
19/18	30/35	0.5/14.7

(1)填方路堤如图3-2所示,总高 $h=10.7\mathrm{m}$,从上往下第一段路堤对应高度为8m。

(2)挖方路堑分两段,如图3-3所示,其总高 $h=22.22\mathrm{m}$,下面一段高度为8m,平台2m,故上面一段路堑高度为 $22.22-8=14.22(\mathrm{m})$。

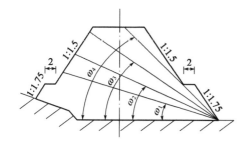 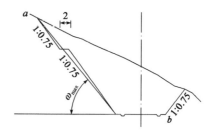

图3-2　填方路堤破裂角(尺寸单位:m)　　　图3-3　挖方路堑破裂角(尺寸单位:m)

5. 土坡坡率为 1∶0.5 时的稳定性验算，内摩擦角 $\varphi=25°$，黏聚力 $c=7\text{kPa}$。路基填土最大高度为 $H=8\text{m}$。试用条分法分析土坡稳定性。

6. 不利季节，在某土基上用 $D=30\text{cm}$ 的承载板做加荷-卸荷试验，实测数据见表 3-2，试计算该测点土基的回弹模量 E_0。按小于 1mm 前的应力、变形线性回归计算，泊松比为 0.35。

回弹弯沉试验值　　表 3-2

承载板压力 P_i(MPa)	0.05	0.10	0.15	0.20	0.30	0.40
已计入影响量的回弹弯沉(0.01mm)	18	29	45	65	96	118

第四章

路基防护与支挡结构设计

[内容提要]

本章习题主要考查路基坡面防护的主要形式和作用,支挡结构的类型和适用条件、布置和构造;各种边界条件下的土压力计算,挡土墙稳定性验算和设计;轻型挡土墙设计及其他形式支挡结构的设计等。计算题主要涉及常用的重力式、薄壁式、加筋式、锚杆式、土钉式挡土墙,以及抗滑桩支挡结构相关知识点。

1. 路基坡面防护
(1) 坡面防护。
(2) 工程防护。
(3) 冲刷防护。

2. 支挡结构的类型和构造
(1) 支挡结构的用途。
(2) 支挡结构的类型和使用范围。

3. 挡土墙结构的布置
(1) 横向布置。
(2) 纵向布置。
(3) 平面布置。

4. 挡土墙结构的土压力计算
(1) 作用在挡土墙上的力系。
(2) 一般条件下库仑主动土压力计算(部分计算公式)。
(3) 一般条件下库仑被动土压力计算。
(4) 土压力计算中车辆荷载换算及其计算参数。
(5) 朗金主动土压力计算。

5.挡土墙的设计
(1)挡土墙的设计原则。
(2)挡土墙稳定性验算(抗滑、抗倾覆、基底应力和合理偏心距、墙身截面验算等)。
6.轻型及其他类型挡土墙(薄壁式挡土墙、锚定式挡土墙、加筋土挡土墙)
7.分别给出了几种常用挡土墙的设计算例

练 习 题

一、填空题

1.路基的防护与加固工程不仅可以_____,而且可以_____,提高公路的使用质量。

2.路基防护与加固设施,主要有_____、沿河路堤防护与加固。

3.常用的坡面防护设施有植物防护(如种草、铺草皮、植树等)和工程防护(如_____、抹面、喷浆、石砌护面墙等)。

4.直接防护是指直接在坡面或坡脚设置防护结构物,以减轻或避免水流的直接冲刷,可采用植物防护、_____、抛石防护、石笼防护、浸水挡土墙等形式。

5.间接防护的作用是改变水流方向,避免或缓和水流对路基的直接破坏,可采用各种_____,如丁坝、顺坝、格坝、拦水坝以及防洪堤等,必要时可疏浚河床、改变河道。

6.为了调节水流方向,降低流速,防护路基,可采用调治构造物和_____、_____。

7.路基防护采用抛石防护时,所抛石料的粒径大小与_____及_____有关。

8.对较坚硬、不易风化的岩石路堑边坡进行防护,当裂缝多而细时,采用_____防护;当裂缝大而深时,采用_____防护。

9.挡土墙后土体的土压力类型有主动土压力、被动土压力和_____。路基挡土墙的土压力计算时一般考虑_____。

10.挡土墙的土压力计算理论一般有朗金土压力理论和_____。

11.仰斜墙背所受的土压力比俯斜式墙背所受的土压力要_____。在重力式挡土墙(仰斜式、俯斜式、直立式、折背式、衡重台式)中,_____挡土墙对地基承载能力要求较高。

12.挡土墙与路堤衔接应将衔接坡形做成_____形式,与路堑结构衔接时应该做成_____形式。

13.根据挡土墙墙背的倾斜方向,挡土墙可主要分为俯斜式、_____、_____3种。

14.按照挡土墙的设置位置,挡土墙可分为路肩墙、_____、_____和山坡墙等类型。

15.常见的石砌重力式挡土墙一般由墙身、基础及_____、_____等几个主要部分组成。

16.在石质地基上,挡土墙的基础设置应满足_____和_____的要求。

17.挡土墙的沉降缝通常设在_____与_____等位置。

18.沉降伸缩缝是为了防止圬工砌体伸缩和_____而设置的。

19.重力式挡土墙设置伸缩缝的作用是为防止圬工砌体因收缩硬化和_____而产生裂缝。

20.属于轻型的钢筋混凝土挡土墙类型中,薄壁式挡土墙结构常用的形式有两种,即悬臂式和_____;锚定式挡土墙通常也包括锚杆式和_____两种。

21.锚定板挡土墙由锚定板、_____、_____组成。

22.加筋挡土墙由墙面板、_____和_____三部分组成。

23.加筋挡土墙的基本工作原理是:靠_____和_____之间的摩擦作用来抵抗土压力(主动土压力)。

24.拉筋材料性能应符合下列要求,即:①抗拉强度大,不易产生脆性破坏,拉伸变形和蠕变小;②_____;③有一定的柔性;④有较好的耐腐蚀性和耐久性。

25.锚杆按地层中锚固方法分为_____和_____两种。

26.增加挡土墙抗滑稳定性的措施主要有:基底换填摩擦系数大的砂砾石、_____和_____。

27.增加挡土墙抗倾覆稳定性的措施主要有:改变墙面墙背坡率、放缓胸背坡、_____和_____。

28.挡土墙基底合力偏心距 e 一般不宜过大,通常土质地基 $e\leqslant$ _____,岩石地基 $e\leqslant$ _____。

29.在挡土墙设计中,一般只考虑_____方向的地震力,_____方向地震力因影响小可略去不计。

二、选择题

1.为了防止路基边坡发生滑塌,可采用的防护措施是(　　)。
   A.植物防护　　　　B.设挡土墙　　　　C.砌石防护　　　　D.设护面墙

2.下列哪个方法不适合用于沿河路堤冲刷防护的措施?(　　)
   A.换填防护　　　　B.砌石和抛石防护　　C.石笼防护　　　　D.土工模袋防护

3.路基边坡植物防护方法有(　　)。
   A.护面墙　　　　　B.种草或铺草皮　　　C.护坡　　　　　　D.封面

4.路基防护与加固的重点是(　　)。
   A.边沟　　　　　　B.路肩　　　　　　　C.路基边坡　　　　D.路基本体

5.边坡处理的作用是(　　)。

A.加固边坡　　　　B.减少工程量　　　　C.缩短工期　　　　D.放缓边坡

6.坡面处治主要用于(　　　)。

　　A.较陡的土质路堑边坡　　　　　　B.陡峭的岩石路堑边坡

　　C.软质岩石和破碎岩石路堑边坡　　D.松散的碎石土类路堑边坡

7.以库仑理论为基础计算黏性土主动土压力时用到的近似方法除了等效内摩擦角法以外,还有(　　　)。

　　A.4.5H法　　　　B.力多边形法　　　　C.滑楔平衡法　　　　D.极限平衡法

8.在其他条件相同的情况下,静止土压力E_0、主动土压力E_a和被动土压力E_p三者大小关系是(　　　)。

　　A.$E_0>E_a>E_p$　　B.$E_p>E_0>E_a$　　C.$E_0>E_p>E_a$　　D.$E_a>E_p>E_0$

9.挡土墙墙后土压力计算时,宜按(　　　)计算。

　　A.主动土压力　　B.静止土压力　　C.被动土压力　　D.土抗力

10.挡土墙在墙背土体作用下,墙身无任何位移,墙前填土处于弹性平衡状态,此时墙身受到的土压力是(　　　)。

　　A.静止土压力　　B.主动土压力　　C.无土压力　　D.被动土压力

11.在挡土墙墙高一定,其他条件相同时,具有最小主动土压力的墙背形式是(　　　)。

　　A.俯斜直线形　　B.仰斜直线形　　C.垂直直线形　　D.折线形

12.挡土墙墙背上的填土主动土压力(　　　)。

　　A.随填土内摩擦角增加而增加　　　B.随填土内摩擦角增加而变小

　　C.与填土内摩擦角无关　　　　　　D.有时与填土内摩擦角有关,有时无关

13.抗滑挡土墙墙背土压力的大小应按(　　　)确定。

　　A.主动土压力　　　　　　　　　　B.剩余下滑力

　　C.A和B中的较大者　　　　　　　D.静止土压力

14.锚定板挡土墙墙面板实际所受的恒载土压力值(　　　)。

　　A.小于库仑主动土压力

　　B.等于库仑主动土压力

　　C.大于库仑被动土压力

　　D.介于库仑主动土压力与被动土压力之间

15.拱桥桥台,挡土墙墙趾前部承受的土压力是(　　　)。

　　A.被动土压力　　　　　　　　　　B.主动土压力

　　C.静止土压力　　　　　　　　　　D.被动土压力和主动土压力

16.在墙趾纵断面图上进行挡土墙的纵向布置,布置后绘成的挡土墙正面图中不包括下面哪项内容?(　　　)

　　A.各个分段长度　　B.伸缩缝与沉降缝　　C.挡土墙顶宽　　D.泄水孔布置

17.为了减少拆迁和占地面积,一般可采取(　　　)。

　　A.路堑墙　　　　B.路堤墙　　　　C.山坡挡土墙　　　　D.路肩墙

18. 重力式挡土墙墙身应力和偏心距验算位置一般选在( )。
   A.墙顶及墙底面   B.1/2墙高及墙底面
   C.墙底及1/3墙高处   D.1/2墙高及断面急剧变化处
19. 以下措施中不增加挡土墙抗倾覆稳定性的是( )。
   A.放缓胸背坡   B.改变墙体断面形式
   C.展宽墙趾   D.增大基层摩擦系数f值,如基底换填土
20. 什么位置的挡土墙需要设护栏? ( )
   A.路堤墙   B.路肩墙   C.路堑墙   D.山坡墙
21. 锚杆挡土墙中的锚杆多用螺纹钢筋,但每孔( )。
   A.不宜多于2根   B.不宜少于2根   C.不宜多于5根   D.不宜多于3根
22. 下列有关加筋土挡土墙不正确的是( )。
   A.自下而上逐层施工   B.可以选择填土类型
   C.拉筋直接同土接触而起作用   D.拉筋垂直于潜在破裂面设置
23. 加筋土挡土墙内部稳定性验算,除了抗拔验算,还包括( )验算。
   A.抗滑   B.抗倾覆   C.基地应力   D.拉筋强度
24. 挡土墙基底部分的最小压应力计算值$\sigma<0$时,说明( )。
   A.基底承受压应力   B.偏心距过大
   C.强身基础尺寸不足   D.地基承载力不够
25. 挡土墙后采用下列哪种填料时,需在墙背设置砂卵石排水层? ( )
   A.黏性土   B.碎石土   C.砂卵石   D.碎砖烂瓦

三、判断题

1. 路基边坡常年浸水,而水流较深,流速较大,又缺乏大块石料时,河岸或路基边坡可采用石笼防护。( )
2. 对路基进行坡面防护时,路基本身应该是稳定的。( )
3. 防护水卜部分的边坡和坡脚,采用抛石防护路基边坡时效果较好。( )
4. 抛石垛的边坡坡率不应陡于所抛石料浸水后的天然休止角。( )
5. 植物防护可以减缓地面水流速度,根系又起到固结作用,所以它常被用于防护流速较大的浸水路堤边坡。( )
6. 与其他诸如石砌护坡、石砌护面墙等相比,石砌重力式挡土墙是一种更加坚固的路基边坡防护设施。( )
7. 挡土墙与其他石砌防护体的根本区别就在于其砌筑方式和厚度不同。( )
8. 浸水挡土墙进行基底应力验算时,产生最大基底应力所对应的水位为最高设计洪水位。( )
9. 与重力式挡土墙相比,锚定式挡土墙对地基承载力要求更高。( )
10. 在进行挡土墙设计时,若墙背平缓,墙背倾角大于第二破裂面的倾角,即墙背或假

定墙背不妨碍第二破裂面的出现,需验算是否出现第二破裂面。　　(　　)

11. 锚定板式挡土墙不适用于作路堑墙。　　(　　)

12. 在浸水挡土墙设计时,除了考虑一般挡土墙的作用力系外,还应该考虑水对墙后填料的影响。　　(　　)

13. 挡土墙唯一的作用就是保持边坡的稳定。　　(　　)

14. 在外力作用下,挡土墙推动土体发生位移,就产生了被动土压力。　　(　　)

四、名词解释

1. 被动土压力

2. 支挡结构

3. 挡土墙

4. 沉降缝与伸缩缝

5. 抗滑稳定性

6. 抗倾覆稳定性

7. 衡重式挡土墙

8. 卸荷板式挡土墙

9. 俯(仰)斜式挡土墙

10.锚定式挡土墙

11.加筋挡土墙

五、简答题

1.简述路基防护工程与加固工程的区别,以及边坡防护类型及其适用条件,并列举边坡常用的防护措施。

2.路基防护与加固工程按作用可分为哪几类?各类的作用是什么?

3.简述坡面防护的作用。

4.简述直接防护与间接防护的本质区别,冲刷防护的类型及各自的防护方法。

5.路基在遇到什么情况时可考虑修建挡土墙？

6.简述挡土墙的主要作用。

7.简述挡土墙的构造。

8.简述作用在挡土墙上的力系。

9.简述砌石路基和挡土墙路基的异同。

10.按支挡结构设置位置、支挡结构墙体材料、支挡结构形式和作用机理,分别简述支挡结构的类型。

11.简述各类挡土墙和支挡结构(重力式、衡重式、混凝土半重力式、薄壁式、锚杆式、拱式、锚定板式、桩板式、垛式、加筋土式、竖向预应力锚杆、土钉式等)的结构特点及其适用条件。

12.简述挡土墙的设计原则。

13.简述挡土墙结构稳定性验算内容,以及各个验算项目的作用,当验算不满足要求时,简述处理措施。

14.简述库仑土压力理论基本概念及其在路基挡土墙计算中的基本假设及适用场合。

15.浸水挡土墙土压力计算时要考虑哪些因素?

16.简述地震区挡土墙的一般防震措施。

17.简述第二破裂面概念及其出现的条件。

18.简述挡土墙平、纵、横布置图中的主要内容。

19.简述加筋土挡土墙的概念、内部失稳形式及其稳定性验算内容。

20.加筋土挡土墙中筋带有什么作用？给出筋带长度的确定方法。

21.简述挡土墙的排水设施类型及其设计方法。

22.挡土墙基础埋置深度一般应满足哪些条件？

六、计算题

1. 某挡土墙墙后土压力 $E_x = 172.7\text{kN}$,$E_y = 130.5\text{kN}$,$Z_x = 2.3\text{m}$,$Z_y = 2.2\text{m}$。挡土墙:顶宽 $b_1 = 1.2\text{m}$,墙高 $H = 8\text{m}$,墙身为等截面,墙背墙面坡率均为 $1:0.2$,基础两侧比墙身各宽出 0.2m,基础厚 0.6m,基底为岩石地基,墙体密度 $\rho = 22.5\text{kN/m}^3$,基底摩擦系数 (μ) 为 0.52。验算其抗滑稳定性。

2. 下面为一个路堑式挡土墙的断面形式以及设计资料,试用容许应力法给出该墙的设计和验算过程。其截面形式及尺寸如图 4-1 所示。已知设计资料为:

(1) 墙高 6.0m,墙面与墙背倾角 $\alpha = -14.04°$。

(2) 墙后填土为土质砂,重度 $\gamma = 18\text{kN/m}^3$,内摩擦角 $\varphi = 35°$,黏聚力 $c = 0$。

(3) 填土与挡土墙墙背的摩擦角 $\delta = 23.3°$。

(4) 填土面与水平面夹角 $\beta = 18.43°$。

(5) 基础底面与地基的摩擦系数 $\mu = 0.4$。

(6) 基础底面与水平面夹角 $= 11.31°$。

(7) 挡土墙由片石砌筑,其重度 $\gamma_0 = 24\text{kN/m}^3$,抗压强度 $f_{cd} = 710\text{kPa}$,抗剪强度 $f_{vd} = 120\text{kPa}$。

(8) 地基承载力设计值 $f=300\text{kPa}$。

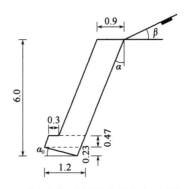

图 4-1 挡土墙截面图及基本尺寸(尺寸单位:m)

3.某一级公路设置仰斜重力式路肩挡土墙,如图 4-2 所示,有关截面尺寸列于图中,其中,墙高 $H=6.30\text{m}$,墙面和墙背坡率均为 $1:0.25$($\alpha=14.04°$);基底倾斜度 $\tan\alpha_0=1:5$($\alpha_0=11.31°$);墙身和基础由 M5 砂浆砌筑片石 MU50;墙背填料为砂类土,基础持力层为密实砂类土;基础顶面距天然地面 0.8m。有关墙背填料、地基土和砌体物理力学参数见表 4-1。试用极限状态法给出该墙的设计和验算过程。

墙背填料、地基土和砌体物理力学参数 表 4-1

填料	重度 γ(kN/m³)	19		圬工重度(kN/m³)	23
	内摩擦角 φ(°)	35	M5 浆砌片石 MU50	抗压强度 f_{cd}(kPa)	710
	墙背摩擦角 δ	$\varphi/2$		轴心抗拉强度 f_{td}(kPa)	48
地基	重度 γ(kN/m³)	21		弯曲抗拉强度 f_{md}(kPa)	72
	容许承载力[σ](kPa)	400		直接剪切强度 f_{vd}(kPa)	120
	基底摩擦系数 μ	0.4		地基土内摩擦系数 μ_n	0.8

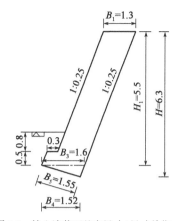

图 4-2 挡土墙截面基本尺寸(尺寸单位:m)

4.某个悬臂式路肩挡土墙设计结构示意如图 4-3 所示,验算挡土墙设计是否满足要求。设计资料如下:

(1)墙高 $H=5\mathrm{m}$,立壁顶宽 $b=0.25\mathrm{m}$,增背垂直,墙面坡率 $1:m=1:0.05$。

(2)基础埋深 $h_D=1\mathrm{m}$。

(3)墙背填土重度 $\gamma=18\mathrm{kN/m^3}$,内摩擦角 $\varphi=35°$。

(4)墙背摩擦角 $\delta \approx \varphi/2 \approx 17.5°$。

(5)基底摩擦系数 $\mu=0.40$。

(6)地基土等效内摩擦角 $\varphi=35°$,容许应力 $[\sigma]=400\mathrm{kPa}$。

(7)钢筋混凝土结构设计参数:①水泥混凝土强度等级为 C15,抗压设计强度 $R_a=8.5\mathrm{MPa}$,弹性模量 $E_h=2.3\times$

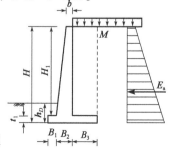

图 4-3 悬臂式挡土墙示意图

10^4 MPa,抗拉设计强度 $R_l = 1.05$ MPa。②钢筋抗拉设计强度 $R_g = 240$ MPa,弹性模量 $E_g = 2.1 \times 10^5$ MPa。③钢筋混凝土重度 $\gamma = 25$ kN/m³。

5.某个扶壁式挡土墙设计结构示意如图 4-4 所示。设计资料如下:

某工程要求挡土墙高度为 8.3m,墙后地面均布荷载标准值按 $q_k = 10$ kN/m² 考虑,墙后填土为砂类土,填土的内摩擦角标准值 $\varphi_k = 35°$,填土重度 $\gamma_m = 18$ kN/m³,墙后填土水平,无地下水,地基为黏性土,孔隙比 $e = 0.786$,液性指数 $I_L = 0.245$,地基承载力特征值 $f_{ak} = 230$ kPa,地基土重度 $\gamma = 18.5$ kN/m³。根据挡土墙所处的地理位置及墙高等因素综合考虑,选择采用扶壁式挡土墙,挡土墙安全等级为二级,试设计该挡土墙。

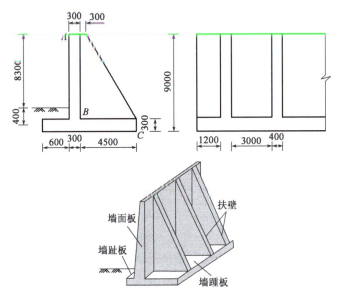

图 4-4 扶壁式挡土墙基本尺寸及示意图(尺寸单位:mm)

6.采用应力分析法进行某二级公路拟修建加筋土路堤挡土墙的设计,如图 4-5 所示。设计资料如下:

(1)加筋土路堤墙墙高 H = 8m,填土高 a = 1m,填土边坡坡率 1∶1.5。

(2)路基宽度 B_0 = 12m。

(3)加筋土填料,墙顶以上和墙后填土均为黏土,重度 γ = 18kN/m³,内摩擦角 φ = 35°。

(4)墙面板采用 1.2m×1.0m 的十字形混凝土板,厚度 18cm,混凝土强度等级 C20,筋带的水平间距 S_x = 0.42m,垂直间距 S_y = 0.40m。

(5)筋带采用聚丙烯土工带,其宽度为 19mm、厚度为 1.0mm,断裂极限强度标准值 f_k = 220MPa。

(6)土与筋带之间似摩擦系数 f^* = 0.4,墙体与地基之间摩擦系数 μ = 0.4。

(7)地基承载力特征值 f_a = 500kPa,地基土的内摩擦角 φ_0 = 35°。

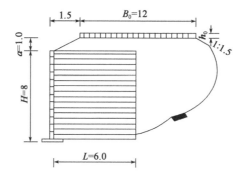

图 4-5 加筋土挡土墙示意图(尺寸单位:m)

7.锚杆挡土墙设计示例

设计资料:肋柱式锚杆挡土墙结构设计图如图4-6所示。

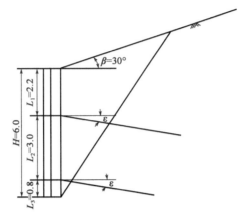

图4-6 肋柱式锚杆挡土墙示意图(尺寸单位:m)

(1)肋柱:高 $H=6.0$m,初拟肋柱截面尺寸为 $a×b=35\text{cm}×40\text{cm}$,用C20混凝土预制,重度 $\gamma_h=24\text{kN/m}^3$,肋柱间距(中至中) $L=3.0$m。

(2)挡土板:采用C20混凝土浇筑的矩形板,长为2.90m,高为0.5m,厚度设置分为二级,分级高度为2.0m。C20混凝土的弯曲抗拉强度 $\sigma_{WL}=1.3$MPa。

(3)锚杆:采用HRB335钢筋,与水平方向呈倾角 $\varepsilon=10°$ 布置,钢筋抗拉设计强度 $R_g=340$MPa,弹性模量 $E_g=2.0×10^5$MPa,锚孔直径 $D=11$cm,由M30水泥砂浆灌注,极限抗剪强度 $R_f=2.1$MPa,锚杆长度由砂浆与岩层孔壁的抗剪强度控制,砂浆与岩层孔壁的平均抗剪强度为200kPa,砂浆容许裂缝宽度 $[\delta_f]=0.02$cm。锚杆截面设计安全系数为1.7,长度设计安全系数为2.0。

(4)墙背填料:墙背填料为土质砂,重度 $\gamma=17\text{kN/m}^3$,内摩擦角 $\varphi=35°$,墙背摩擦角 $\delta=35°/2=17.5°$。

(5)地基:地基为风化破碎的岩石,容许承载力 $[\sigma]=1160$kPa。

验算挡土墙设计是否符合要求。

8.某土钉墙结构示意图如图4-7所示,采用0.3H折线破裂面法进行设计。设计资料如下:

(1)墙高 $H=9.0\mathrm{m}$,墙面(背)与竖直方向的夹角 $\alpha=10°$,墙顶部土体与水平方向的夹角 $\beta=5°$。

(2)墙后土体为泥岩夹砂岩,重度 $\gamma=20\mathrm{kN/m^3}$,内摩擦角 $\varphi=35°$,墙背与土体摩擦角 $\delta=17.5°$。

(3)地基容许承载力 $[\sigma]=400\mathrm{kPa}$。

(4)土钉长度 $L=6.0\mathrm{m}$,与水平方向的夹角 $\varepsilon=0°$,土钉水平间距 $S_x=1.0\mathrm{m}$,垂直间距 $S_y=1.0\mathrm{m}$。

(5)土钉孔直径 $D=0.1\mathrm{m}$,用灌注砂浆法与土钉联结,孔壁摩擦阻力 $\tau=210\mathrm{kPa}$,砂浆对土钉的握裹应力 $u=1000\mathrm{kPa}$。

(6)钉材选用二级Φ20螺纹钢,抗拉强度设计值 $f_y=310\mathrm{N/mm^2}$。

验算土钉墙设计是否满足要求。

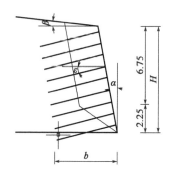

图4-7 土钉墙示意图(尺寸单位:m)

9.某滑坡拟采用抗滑桩治理,抗滑桩设计示意图如图 4-8 所示。设计资料如下:

(1)滑坡体为碎石堆积层,$\gamma_1 = 19.0(\mathrm{kN/m^3})$,$\varphi_1 = 28°$。

(2)滑动面以下的滑床为风化严重的泥岩,设计时可按密实土层考虑,$\gamma_2 = 21.0(\mathrm{kN/m^3})$;$\varphi_2 = 42°10'$。

(3)桩前、后滑坡体厚度基本相同,滑动面处的地基系数:$A = 85000\mathrm{kN/m^3}$,滑坡推力 $E_n = 1000\mathrm{kN/m}$,桩前剩余抗滑力 $E'_n = 500\mathrm{kN/m}$,滑动面以下地基比例系数 $m_H = 40000\mathrm{kN/m^4}$。

(4)设桩处按水平滑动面考虑。

(5)桩的混凝土(C20)弹性模量 $E_h = 2.6 \times 10^7 (\mathrm{kN/m^2})$。

(6)桩底支承条件按自由支承考虑。

验算抗滑桩设计是否满足要求。

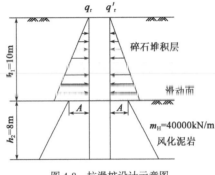

图 4-8 抗滑桩设计示意图

第五章

路基施工

[内容提要]

本章习题主要考查路基施工的重要性、基本方法、一般程序,施工前的准备工作,以及施工机械、材料、控制等;路基压实原理及要求,以及压实度的要求和评定方法;路堑开挖;爆破施工;路基加固处理方法;路基施工新技术等知识点。

1. 路基施工
2. 路堤填筑与压实
3. 路堑开挖
4. 石质路基爆破
5. 路基加固处理
6. 路基变形分析与监测
7. 路基施工新技术

练 习 题

一、填空题

1. 路基施工的基本方法,按其技术特点大致可分为人工施工、简易机械化施工、综合机械化施工、水利机械化施工和_____等。
2. 施工前的准备工作内容大致可以归纳为组织准备、技术准备和_____3个方面。
3. 土质路堤(包括石质土),按照填入顺序可分为_____和竖向填筑两种方案。
4. 地基加固方法有砂垫层法、_____、_____、反压护道法、预压法、挤密桩法与加固桩法等。

5.路基压实机具大致可以分为_____、夯击式和振动式三大类型。

6.土质路堑开挖,根据挖方数量大小及施工方法的不同,按掘进方向可以分为_____和横向通道掘进。

7.路基变形包括两个方向上的指标:竖向位移和_____。

8.需要进行沉降分析及施工期变形观测的工况包括_____、软土地基上的填方路基、重要高速公路路段、其他特殊工况(如路基拓宽工程、可能的桥头跳车发生位置等)。

二、选择题

1.下列试验哪一个可用于测定土基的回弹模量?(　　)
　　A.重型击实试验　　B.三轴压缩试验　　C.压入承载板试验　　D.简支小梁试验

2.利用灌砂法测定压实度试验,灌砂过程中储砂筒内砂尚在向下流时即关闭开关,压实度结果将比正常结果(　　)。
　　A.偏大
　　B.偏小
　　C.一样
　　D.偏大偏小无规律

3.路基压实度评定时,当$K \geq K_0$且单点压实度K_i全部大于或等于规定值时,评定路段的压实度可得(　　)。
　　A.满分
　　B.合格
　　C.对于测定值低于规定值减2个百分点的测点,按其占总检查点数的百分率计算扣分
　　D.对于测定值低于规定值减1个百分点的测点,按其占总检查点数的百分率计算扣分

4.按照《公路路基设计规范》(JTG D30—2015)规定的路基上下路床压实度要求,下列哪种说法是正确的?(　　)
　　A.上路床和下路床一样　　　　B.上路床大于下路床
　　C.上路床小于下路床　　　　　D.没有比较

5.下面哪个选项不是影响路基压实效果的主要因素(　　)。
　　A.土质类型　　B.含水率　　C.压实功能　　D.碾压温度

6.对路堤填筑压实效果影响最关键的因素是(　　)。
　　A.土的类别　　B.含水率　　C.压实机具　　D.压实方法

7.填石路堤压实质量标准的控制指标宜采用(　　)。
　　A.孔隙率　　B.压实度　　C.沉降差　　D.密度

8.施工放样,在路基上恢复中桩,每(　　)m设一桩,并在边线外0.3~0.5m处设指示桩,进行水准测量,在两侧指示桩上用红油漆标示石灰土边缘的设计高程。
　　A.15　　B.20　　C.25　　D.30

9.整型后,经检查高程、横坡、平整度、含水率、含灰量均符合要求后,即可进行(　　)。
　　A.整平　　B.养护　　C.准备工作　　D.碾压

10.下列不属于路基施工工艺流程控制的是( )。
　　A.拌和　　　　　B.摊铺　　　　　C.养护　　　　　D.配合比设计控制
11.某路基加宽后,路基加宽和边沟回填的地方出现了沉陷,最有可能的原因是( )。
　　A.压实度不足　　B.压实度提高　　C.松铺厚度不够　　D.选用砂土填筑
12.路基施工过程中,下列说法正确的是( )。
　　A.压实顺序是先轻后重、先慢后快、先两边后中间
　　B.对于砂性土,压实机具以碾压式为最好
　　C.路基上层土的压实标准低于下层土的压实标准
　　D.在施工过程中,将所有工序完成之后,再统一进行质量检查
13.对于原地基处理,下面说法不正确的是( )。
　　A.二级及以上公路路堤基底的压实度应不小于90%
　　B.稻田湖塘等地段,可采取排水、换填、加筋等措施进行处理
　　C.非岩石地基上填筑填石路堤前,应按要求设过渡层
　　D.地面横坡缓于1:5时,原地面应挖成台阶状,台阶宽度不应小于2m
14.关于路基填料的选择,下列说法错误的是( )。
　　A.含水率不适宜直接压实的细粒土,经处理且检验合格可作为路基填料
　　B.含草皮、树根的土质严禁作为路基填料
　　C.弱膨胀土可以直接作为二级路床填料
　　D.级配良好的砾石混合料可以作为路基填料
15.公路路基填料的强度要求是按( )指标确定的。
　　A.密度　　　　　B.含水率　　　　C.弯沉　　　　　D.CBR 值
16.下面关于填土路堤施工技术说法错误的是( )。
　　A.性质不同的填料,应水平分层、分段填筑,分层压实
　　B.土石路堤不得倾填
　　C.施工前应由试验确定松铺厚度、机械、压实速度及遍数、沉降差等参数
　　D.透水性差异大的材料,分层或分段填筑,可以纵向分幅填筑
17.关于路基爆破施工中光面爆破与预裂爆破的说法,正确的是( )。
　　A.两者均应有侧面临空面
　　B.两者均宜采用低猛度、低爆速、传爆性能好的炸药
　　C.两者均有最小抵抗线
　　D.两者均属于定向爆破
18.在公路工程中用于以借为填或移挖作填地段,特别是在深挖高填之间、工程量大的鸡爪形地区,为了减少挖、装、运、夯等工序,提高生产效率,宜采用( )。
　　A.光面爆破　　　B.微差爆破　　　C.预裂爆破　　　D.定向爆破
19.石质路堑施工的开挖方式中,( )是将膨胀剂放入炮孔内,利用产生的膨胀力

缓慢地作用于孔壁,经过数小时至24h达到300~500MPa的压力,使介质裂开。
   A.直接采用机械开挖　　　　　　　B.混合式开挖
   C.钻爆开挖　　　　　　　　　　　D.静态破碎法

20.一般情况下,同一路段应首先施工的路基地面排水设施是(　　)。
   A.边沟　　　B.集流槽　　　C.截水沟　　　D.拦水带

21.土天然含水率较大的潮湿地区,路基填方采用重型压实机具进行碾压,其结果是(　　)。
   A.土基压实达到密实度要求　　　　B.塑性变形减少
   C.产生"弹簧"现象　　　　　　　　D.变形模量增大

22.关于膨胀土路基施工的说法,错误的是(　　)。
   A.应避免高路堤和深路堑　　　　　B.膨胀土施工应保持连续性
   C.应及时封闭路床和坡面　　　　　D.属于吸水膨胀、失水收缩的低塑性黏土

23.下列软土地基处理方法中不属于排水固结的是(　　)。
   A.真空法　　　B.粉喷桩法　　　C.袋装砂井法　　　D.堆载预压法

24.为保证砂性土的压实效果,较好的压实机具是冲击式和(　　)。
   A.碾压式　　　B.洒水法　　　C.振动式　　　D.运土汽车

25.下列哪个不是影响路基压实的因素?(　　)
   A.土的含水率　　　　　　　　　　B.气候
   C.土质　　　　　　　　　　　　　D.压路机的行驶速度

26.土方路堤施工不需要的机械有(　　)。
   A.铲运机　　　B.平地机　　　C.装卸机　　　D.冲击钻机

27.路基施工中,下列哪个不是深孔爆破的判断依据?(　　)
   A.炮孔成水平或略有倾斜　　　　　B.孔径大于75mm
   C.深度在5m以上　　　　　　　　　D.采用延长药包

28.下列关于雨期路基施工,错误的有(　　)。
   A.一般选择丘陵和山岭地区的砂类土、碎砾石和路堑的弃方段施工
   B.重黏土、膨胀土等地段不宜在雨期施工,平原地区可以安排施工
   C.填筑路堤需借土时,取土坑距离填方坡脚不小于3m
   D.雨期开挖岩石路堑,炮眼应尽量水平设置

29.某二级公路,路段地基软土厚度为1m左右,下列进行软土处理不合适的是(　　)。
   A.换填垫层　　　B.抛石挤淤　　　C.稳定剂处理　　　D.粒料桩

三、判断题

1.土方路基验收实测项目有压实度、弯沉、平整度等指标。　　　　　　　(　　)
2.路基检验评定段的压实度代表值 K 如果小于压实度标准值,则该评定路段压实度

为不合格,评为零分。　　　　　　　　　　　　　　　　　　　(　　)
3.路基碾压中发生弹簧现象时,一般都用加大压实功的办法来解决。　(　　)
4.当路基强度不满足要求,需要用砂垫层加强时,砂垫层厚度至少需要3m以上。
　　　　　　　　　　　　　　　　　　　　　　　　　　　　　(　　)
5.在路基施工中,对于非黏性土即松散的杂填土而言,振动压实法效果良好。(　　)
6.爆破法是石质路基开挖的基本方法。　　　　　　　　　　　　(　　)

四、名词解释

1.压实度

2.最佳含水率

3.爆破法

4.路基沉降

5.轻质路堤

五、简答题

1.请说明图 5-1 中曲线的含义。并用它来解释,为什么不直接用弹性模量 E 而要用干重度 γ 来控制土基压实程度?

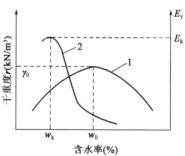

图 5-1　土基的 E、γ 与 w 关系示意图
1-γ 与 w 关系;2-E 与 w 关系

2.简述土基压实的作用。

3.简述最佳含水率现象产生的原因,即路基土压实时为什么会出现最佳含水率。并简述路基土含水率与土体水稳定性之间的关系。

4.路基压实度测定为什么用重型击实试验比较合理?

5.简述不同压实机具(振动式、夯击式、碾压式)对砂性土和黏性土的压实效果。

6.简述路基压实机理与意义,以及影响填土压实程度的因素。

7.简述纵向全宽掘进。

8.目前路基施工新技术有哪些？

9.路基路面设计和施工的基本任务是什么？其特点以及包括的主要设计和施工内容有哪些？

10.简述路基施工的基本方法以及施工前的准备工作。

11.简述软土地基的工程特性。

12.在什么情况下需要在填筑路堤前对原地基进行处理并给出处理方案。

13.简述路基加固与改善的主要内容。

14.简述软土地基上修建公路可能遇到的问题。

15.简述软弱地基(路基)加固处理的主要方法,以及每种方法的具体施工工艺和原理。

16.目前对软弱地基(路基)常用的化学加固溶液有哪些?

17.软弱地基(路基)化学加固的施工工艺有哪些?

六、计算题

利用灌砂法测量土体的压实度 K。已知试验用砂的最大干密度是 $\gamma_{max} = 1.99 \text{g/cm}^3$。试验坑坑号分别为 1 号、2 号、3 号、4 号、5 号,对应的试坑体积分别为 $V = (2075, 2435, 2414, 2178, 2235)(\text{cm}^3)$;试坑中挖出的湿料重分别为 $m_w = (4441, 5210, 5190, 4852, 4998)$ (g);利用试验盒测定的各个编号土样的干料重分别为 $m_d = (39.51, 41.71, 31.01, 35.44, 38.70)(\text{g})$,水重分别为 $w = (4.54, 4.80, 3.66, 4.15, 4.84)(\text{g})$。试分别计算出每个编号土坑试验中对应试样的湿密度 ρ_w、含水率 w、干密度 ρ_d 等,由此得到所有试样对应的压实度最终值 $K(\%)$。

第六章 交通荷载及路面材料设计参数

[内容提要]

本章习题内容主要考查交通荷载的车辆类型与轴型、汽车荷载对路面的作用(包括静态压力、动态作用和重复作用),以及交通数据调查(车辆类型)、标准轴载及轴载换算原则和方法、交通量的统计计算等知识点。此外,还考查路面结构层不同材料(无机结合料稳定材料、沥青混合料、水泥混凝土和粒料类材料)的强度、模量和疲劳等设计参数的内容。

1. 交通荷载及交通数据调查
(1) 交通荷载及其对路面的作用。
(2) 交通数据调查。
2. 标准轴载和轴载换算
(1) 标准轴载。
(2) 轴载换算。
3. 路面材料设计参数
(1) 无机结合料稳定材料的设计参数。
(2) 沥青混合料的设计参数。
(3) 粒料类材料的设计参数。
(4) 水泥混凝土的设计参数。

练 习 题

一、填空题

1. 依据《公路沥青路面设计规范》(JTG D50—2017),在路面结构设计中,根据轮组和轴组类型的不同,车辆轴型分为_____类;根据汽车轴型组合的不同,车辆类型分为_____类。

2. 依据我国现行相关规范,公路货车类型分布系数 TTC 共分为_____类。

3. 依据我国现行相关规范,沥青路面设计时的标准轴载采用单轴双轮,轴载大小 P 是_____,轮胎接触压力为_____ MPa。

4. 由于公路路面上车辆种类不同、载重不同,对路面的作用也不同。为了比较各种不同车辆对路面相对作用的大小,可按一定的原则,采用等效换算的方法,将各类不同轴载的作用次数换算为_____的作用次数。

5. 汽车对道路的作用力分为停驻状态和_____两种状态下的作用力。

6. 接触压强大小和分布状态以及接地形状受轮载的大小、汽车轮胎的_____和轮胎的刚度因素的影响。

7. 将车轮与路面之间的接地形状简化为圆形,并且假定在接触面积内,接触压力是_____分布的。

8. 影响轮迹分布的因素主要有道路横断面上的车道数、_____、交通量中车辆组成类型、交通密度,以及是否分道行驶等。

9. 路面结构设计中,需要通过调查研究、分析论证来确定交通量年平均增长率 γ。一般 γ 值的变化幅度受到多个方面的影响,比如不同_____、不同经济条件、不同时间等。

10. 交通量数据调查分析中的车道系数,沥青路面设计时分为_____层次确定;而水泥路面设计时采用的是_____。

11. 沥青路面设计中,各类车辆当量设计轴载换算系数可以按 3 个水平确定,高速公路和一级公路的改建设计应采用_____,其他情况可采用_____或_____。

12. 在进行公路路面结构设计时,交通量所在车道计算的依据是指交通量最繁重的_____的交通量,其数值的大小等于交通量总量 N_e 乘以_____和方向系数。

13. 按照《公路沥青路面设计规范》(JTG D50—2017)和《公路水泥混凝土路面设计规范》(JTG D40—2011)的规定,交通荷载分级的结果都是_____、特重、重、中等和轻 5 个等级,但两种路面对应的交通量划分标准不一样。

14. 汽车轮胎与路面之间附着系数 φ 的大小同路面类型、路面湿度,以及_____

有关，一般为0.4~0.7。

15. 动荷载作用下路面变形量的减小，相当于路面结构刚度的_____，路面结构强度也相对增大。

16. 路基路面材料在重复荷载作用下，对于弹性材料呈现出材料的_____性质，也就是材料的强度将随着荷载重复次数的增加而_____；对于弹塑性或黏弹性材料，如路基土和柔性路面，将呈现出变形的逐渐_____，称为变形的累计。

17. 由于路面材料具有非线性特性，路面结构模量根据计入变形的不同，分为变形模量和_____。

18. 材料依据其自身属性以及所在路面结构层位不同而有不同的设计参数要求，用于结构设计的主要参数包括_____、泊松比和_____。

19. 路面材料的实际工作状态是反复弯曲变化，结构层的层底首先容易出现局部拉裂，产生弯曲断裂。材料的抗弯拉强度一般采用_____试验进行测定。

20. 路面材料的抗拉强度主要由混合料中的结合料黏结力提供，可以采用_____和间接拉伸测定（如劈裂试验等）材料的抗拉强度。

21. 作为路面铺筑的主要材料，无机结合料稳定材料的主要材料设计参数为_____；无机结合料稳定材料的主要结构设计参数为_____和弯拉强度。

22. 对于无机结合料稳定材料以及水泥混凝土路面材料，路面结构设计时除了需要确定其回弹模量和泊松比ν外，还需要确定其_____，用来验算材料的抗拉性能。

23. 无机结合料稳定类材料又称半刚性或整体性材料，主要有水泥稳定材料、_____材料和综合稳定类材料。

24. 半刚性路面结构层因具有很多优点而被广泛采用，它的整体性好、_____、刚度大、水稳定性强的特点，只有在保证施工质量的前提下才能体现出来。

25. 水泥稳定土需要有足够的_____，以满足水泥水化的需要和压实的需要。

26. 石灰稳定土多用于_____的底基层或_____的基层。

27. 石灰土的_____和强度是决定石灰土质量的两个重要指标，控制好这两个指标，就控制了石灰土质量的关键。

28. 石灰土的压实度取决于不同类型压实机具所具有的_____、压实工艺及灰土混合料的比例和均匀性。

29. 二灰稳定土的质量取决于石灰、_____和_____3种材料的性质和掺配比例。

30. 经过陈化或崩解达到稳定的高炉、平炉转矿渣，是一种良好的路用材料，它的_____，强度高，并能缓慢板结。

31. 沥青结合料中的沥青类型，应根据公路等级、_____、交通荷载等级、结构层位和施工条件等确定。

32. 沥青混合料的主要结构设计参数为_____（也称劲度模量）、贯入强度等。

33. 沥青混合料的单轴贯入强度试验是用于测定沥青混合料的_____，供沥青混合料的配合比设计或者施工完成后检验沥青混合料的高温稳定性使用。

34.沥青混合料的劈裂试验既可以评价沥青混合料的抗拉强度特性,也可以评价沥青混合料的_____。

35.参照《公路沥青路面施工技术规范》(JTG F40—2004)的有关规定,沥青混合料的材料性能要求主要包括高温性能、低温性能以及水稳性能。在《公路沥青路面设计规范》(JTG D50—2017)中还要求测定和验算沥青混合料的_____。

36.水泥混凝土的强度一般以_____ d 龄期的弯拉强度控制。但水泥混凝土浇筑 90d 内不开放交通时,可采用 90d 龄期的弯拉强度控制。

37.级配碎石型的强度和稳定性取决于_____和_____的大小。

38.粒料稳定类主要有嵌锁型和_____型。

39.《公路沥青路面设计规范》(JTG D50—2017)规定,粒料类材料的回弹模量采用_____试验测定;在结构验算时由粒料回弹模量乘以湿度调节系数后得到,湿度调节系数可在_____范围内选取。

二、选择题

1.按照我国现行路面设计规范规定,路面结构设计时采用的交通量,不需要考虑下列哪个因素的影响?(　　)

A.方向系数

B.车道系数

C.2 轴 6 轮及以上车辆的双向年平均日交通量

D.初始年所有车辆的平均日交通量

2.路面结构设计时对于交通荷载的分级,下列哪种说法是错误的?(　　)

A.沥青路面以设计使用年限内累计大型客车和货车交通量之和划分

B.沥青路面多个控制指标都是以设计使用年限内累计标准轴载交通量之和划分

C.水泥路面以设计使用年限内设计车道临界荷位处所承受的设计轴载累计作用次数之和划分

D.沥青路面和水泥混凝土路面分别以不同的累计标准轴载交通量之和划分

3.下面哪个不是路面材料模量的常用测试方法?(　　)

A.承载板试验　　　B.压缩试验　　　C.劈裂试验　　　D.弯拉试验

4.路面结构层材料设计参数的确定可分为 3 个水平,下列说法不正确的是(　　)。

A.水平一是通过室内试验实测确定　　　B.水平二是利用已有经验关系式确定

C.水平三是参照典型数值确定　　　D.水平二和水平三可以互相使用

5.水泥稳定粒料基层和底基层,按《公路工程质量检验评定标准　第一册　土建工程》(JTG F80/1—2017),实测项目中不包含(　　)。

A.压实度　　　B.平整度　　　C.强度　　　D.弯沉

6.无机结合料稳定材料无侧限抗压强度试验,试件养护时间应为(　　)。

A.7d　　　　　　B.6d　　　　　　C.3d　　　　　　D.28d

7.石灰工业废渣稳定土宜采用塑性指数(　　)的黏性土。
　　A.10~20　　　　B.12~20　　　　C.8~20　　　　D.12~22

8.粉煤灰中(　　)、Al_2O_3 和 Fe_2O_3 的总含量应大于70%。
　　A.SeO_2　　　　B.SO_2　　　　C.SiO_2　　　　D.Si_2O_3

9.细粒土用于水泥稳定土时,其塑性指数宜小于(　　);用于石灰、水泥综合稳定土时,其塑性指数宜在15以上。
　　A.5　　　　　　B.10　　　　　　C.15　　　　　　D.20

10.石灰稳定中、粗粒土用作高速公路和一级公路的底基层时,颗粒的最大直径不应超过(　　);用作其他公路的底基层时,颗粒的最大粒径不超过53mm。
　　A.37.5mm　　　B.38.5mm　　　C.39mm　　　　D.40mm

11.下列不属于土类试验项目的是(　　)。
　　A.液限和塑性指数　　　　　　B.相对密度
　　C.重型击实试验　　　　　　　D.含水率

12.石灰土的开裂与龟裂防治在施工中应加以防治,其主要措施有(　　)。
　　A.选择塑性指数较高的土
　　B.一定要在使用高塑性土时,采用两次掺灰法进行施工,使土通过"砂化"得到充分破碎
　　C.严格控制含沙量,一定要在最佳含沙量以下,在接近最佳含沙量时压实成型
　　D.加强前期的养护,让灰土尽快失水,在可能的情况下尽早进行上层覆盖施工

13.整型后,经检查,高程、横坡、平整度、含水率、含灰量均符合要求后,即可进行(　　)。
　　A.整平　　　　　B.养护　　　　　C.准备工作　　　D.碾压

14.(　　)可分为无机结合料稳定类和粒料稳定类。无机结合料稳定类又称半刚性,主要有水泥稳定类、石灰稳定类和综合稳定类。粒料稳定类主要有嵌锁型和级配型。
　　A.基层、底基层　　　　　　　B.半刚性基层、底基层
　　C.半刚性　　　　　　　　　　D.石灰土

15.我国现行沥青路面设计中,采用沥青混合料(　　)条件下测定的回弹模量作为设计指标。
　　A.动态加载　　　B.静态加载　　　C.三轴加载　　　D.没有规定

16.沥青混凝土四点弯曲疲劳寿命试验时,现在一般采用下列哪种方式进行试验?(　　)
　　A.控制应力法　　B.控制应变法　　C.控制位移法　　D.没有规定

17.参照《公路沥青路面施工技术规范》(JTG F40—2004)的有关规定,沥青混合料的主要材料性能要求不包括(　　)。
　　A.高温性能　　　B.低温性能　　　C.抗压强度　　　D.水稳性能

18.关于石灰稳定土基层施工备料的说法,正确的是( )。
　　A.当生石灰堆放时间较长时,应露天堆放,不得覆盖
　　B.消石灰应保持一定湿度,但不可过湿成团
　　C.生石灰应在加水消解后马上使用,不得隔夜使用
　　D.消石灰无须过筛即可使用
19.为了尽量避免水泥稳定碎石基层产生裂缝,下列哪个做法比较有效?( )
　　A.混合料碾压成型后不要及时铺筑封层　B.碾压时混合料含水率偏大,不均匀
　　C.混合料碾压成型后及时洒水养护　D.增加碎石级配中细粉料的含量
20.沥青路面设计中,设计车道累计当量轴次 N_e 是指( )。
　　A.单车道双向交通量　　　　　　B.设计年限内双向车道累计当量轴次
　　C.设计年限内设计车道上的累计交通量　D.设计年限内总交通累计当量轴次
21.轴载变化可近似看作呈正态分布,影响其变异系数的因素有多个,下列哪个不属于此类因素?( )
　　A.车辆的振动特性　B.路面的平整度　C.车辆的行驶速度　D.轮载的大小
22.下列哪个因素不属于影响轮胎静态压力大小的因素?( )
　　A.汽车轮胎的内压力　　　　　　B.路面的强度
　　C.轮胎与路面的接触形状　　　　D.轮载的大小
23.当汽车处于驻车状态时施加给路面的力有( )。
　　A.水平力　　　B.惯性力　　　C.振动力　　　D.垂直静压力
24.车轮施加于路面的各种水平力 Q 与下列哪个因素没有关系?( )
　　A.车辆的行驶速度　　　　　　B.车轮的垂直压力
　　C.冲击系数　　　　　　　　　D.路面与车辆之间的附着系数

三、判断题

1.轮迹横向分布系数一般仅在水泥混凝土路面结构设计时使用,用于考虑设计车道上车轮荷载在水泥混凝土板临界荷载处的作用。( )
2.路面承受一次性轮载作用和承受多次重复轮载作用的效果并不一样。( )
3.不同车型具有不同的轴组与轴重,而不同的轴组与轴重给路面结构带来的损伤程度是不同的。( )
4.汽车的总重量是通过车轴与车轮传递给路面结构的,所以路面的结构设计主要以轮胎的压力作为荷载标准。( )
5.运动状态的汽车施加于路面的水平力不会超过垂直压力与附着系数的乘积。( )
6.车辆在道路上行驶时,车轮的轨迹平均分配到每一点上。( )
7.轴载等效换算的原则是同一种路面结构在不同轴载作用下达到相同的损伤程度。( )

8.路面单位宽度上受到的轮载作用次数和车道宽度范围内轴载总作用次数之比,称为轮迹横向分布系数。（ ）

9.沥青路面结构设计时直接将累计交通量 N_e 作为路面结构疲劳破坏的设计参数。（ ）

10.动荷载作用下,车速增加路面变形量也随之增加。（ ）

11.当道路上的车道数多于一条时,一般行驶在各个车道上的交通量不完全相等。（ ）

12.车轮施加于路面的各种水平力大小与车轮之间的附着系数 φ 无关。（ ）

13.标准轴载的选择会改变路面厚度值的计算。（ ）

14.车速越高,平整度越好,行车速度的变异系数越大。（ ）

15.轴载换算系数有 3 个水平,其中水平三是一种固定的车辆类型组合,高速公路和一级公路的改建不应采用水平三来设计。（ ）

16.路面材料模量根据计入变形的不同分为变形模量和回弹模量。其中,变形模量中的变形仅仅包括回弹变形,而回弹模量中的变形包括回弹变形和塑性变形。（ ）

17.劈裂强度试验是用来测定路面材料的抗压强度的。（ ）

18.基层混合料进行配合比设计时,其无侧限抗压强度试件应饱水 2d。（ ）

19.水泥稳定粒料基层验收实测项目有压密度、平整度、强度、厚度、弯沉等指标。（ ）

20.无机结合料稳定材料无侧限抗压强度试验,试件养护时间应为 28d。（ ）

21.生石灰必须经过充分消解,一般每吨生石灰用 600～800kg 的水才能消解好,消解后的消石灰以保持 35% 左右的含水率为宜。（ ）

22.确定各种混合料的最佳含水率和最大干密度,至少做 3 组不同结合料剂量的混合料的击实试验,即最小剂量、中间剂量和最大剂量。（ ）

23.从路面结构本身来看,附着系数的大小直接关系结构层承受的水平荷载的大小。（ ）

24.在等应变控制的疲劳试验过程中,随着加载次数的增加,应力将会缓慢增加。（ ）

四、名词解释

1.交通量

2.轴载谱

3.轴载换算

4.车辆类型分布系数 VCDF

5.轮迹横向分布

6.单圆/双圆荷载图式

7.累计当量轴次

8.设计轴载(标准轴载)

9.荷载当量圆

10.方向系数

11.静态压力

12. 无侧限抗压强度试验

13. 疲劳

14. 疲劳破坏

15. 疲劳强度

16. 疲劳极限

17. 疲劳寿命

18. 疲劳曲线

19. Miner 定律

五、简答题

1. 简述交通分析及交通量调查的内容。

2. 简述单圆荷载图式与双圆荷载图式的区别。

3.简述轴载等效换算的意义、等效原理的主要依据,以及如何计算设计年限内标准轴载的累计作用次数。

4.简述轴载换算原则。为什么要进行轴载换算?设计水泥混凝土路面时对交通荷载的考虑与沥青路面相比,有何异同?

5.简述车轮与路面的接触压力和接触面面积计算方法。

6.简述车辆对道路的动态影响。

7.轴载变化可近似地看成正态分布,轴载的变异系数 δ 主要受哪些因素影响?简述其影响规律。

8.简述行驶车辆对路面的作用力类型及其各自的特点。

9.简述道路路面设计所用交通量与道路等级确定时所用交通量的区别。

10.超载和超限有什么不同?其对路面产生的破坏又有什么不同?

11.简述车辆类型与轴型的分类结果。

12.某基层水泥稳定土混合料的设计强度为3.0MPa,简要写出其配合比设计步骤。

13. 石灰土底基层在验收时,应检测哪些内容？有哪些检测方法？

14. 水泥稳定土含水率测试与普通含水率测试有何不同？

15. 简述石灰土的开裂与龟裂的防治方案。

16. 简述无机结合料稳定材料的分类。

17. 简述石灰稳定土强度的形成原理和影响因素、适宜的修筑层位,以及石灰稳定类基层的定义。

18. 简述石灰土基层的缩裂防治措施。

19. 简述半刚性基层材料的主要特点。

20. 沥青混合料的单轴压缩动态模量试验作为沥青路面的主要设计指标,应依据相应的水平确定,简述按照"水平一"确定的方法、条件和过程等。

21. 简述《公路沥青路面设计规范》(JTG D50—2017)所规定的沥青混合料动态压缩模量 E_a 的测定方法。

22.简述沥青混合料劲度的概念及其主要影响因素。

23.如何提高沥青混合料的抗疲劳寿命和减小累计变形量？

24.分析比较沥青混合料和水泥混凝土疲劳特性的异同。

25.路面材料的抗拉和抗弯强度有哪几种测试方法？其强度大小取决于哪些因素？

26.沥青路面设计时的交通量数据调查分析中,车道系数是依据 3 个层次确定的,简述 3 个层次各自的依据或确定方法。

27. 简述路面结构设计时选用标准轴载(设计轴载)的原因。我国路面设计的标准轴载是什么？为何如此设定？其参数有哪些？

28. 简述路面材料变形模量和回弹模量的不同。当前我国路面结构设计时一般采用哪个模量？

29. 简述疲劳的概念、特点以及疲劳破坏的原因。

30. 为什么在进行沥青路面结构设计时不直接用累计交通量 N_e，而用设计车道上的作用次数？

31. 沥青路面设计中，主要考虑哪些汽车荷载因素？试述单圆图式和双圆图式的含义。

32.如何防治无机结合料稳定材料基层收缩裂缝对沥青路面的影响？

33.影响级配碎石模量的因素有哪些？这些因素的影响变化趋势是什么？

34.在重复荷载作用下，路基路面材料的变形有何规律性？

35.路基土在重复荷载作用下产生的塑性变形累计的破坏程度取决于哪些因素？

六、计算题

1.请对表 6-1 中的车辆类型进行轴载换算，获得当量设计轴载换算系数。预计设计年年初交通量总数为 2000 辆。按照水平一进行当量设计轴载换算系数的计算。

交通量已知信息　　　　表 6-1

序号	汽车型号	总重力 （kN）	载重力 （kN）	前轴重力 （kN）	后轴重力 （kN）	后轴数	后轴轮组数	轴距 （cm）	交通组成 （%）
1	解放 CA10B	80.25	40	19.40	60.85	1	双		65
2	黄河 JN150	150.60	82.60	49.00	101.60	1	双		15
3	延安 SX161	237.00	135.00	54.64	2×91.25	2	双	135.0	10
4	长征 XD980	182.40	100.00	37.10	2×72.65	2	双	122.0	10

2.华中某地区要修一条一级公路,设计年限为15年。根据OD分析,断面大型客车和货车日交通量为1800辆/日,交通量年增长率为0.2%,方向系数取0.55,车道系数取0.50,设计车道初始年大型客车和货车日均交通量为962辆/日,进而计算得到15年大型客车和货车累计为850万辆,可知设计交通荷载等级为重。试分别按照水平一、水平二、水平三计算下列内容:

(1) 各控制指标下的年初设计车道日平均当量轴次 N_1;

(2) 设计使用年限内设计车道上的设计轴载当量累计作用次数 N_e。

3.某高速公路水泥稳定碎石基层,已知设计抗压强度 $R_d = 3.1\text{MPa}$,现测得某段的无侧限抗压强度为 3.85MPa、4.01MPa、3.53MPa、3.96MPa、4.00MPa、3.73MPa、3.86MPa、3.97MPa、3.93MPa、4.05MPa、3.52MPa、3.83MPa、3.32MPa。试对该段强度结果进行评定并计算其得分值(规定满分为 20 分,保证率为 95%,$Z_a = 1.645$)。

$$\left(可用公式:\overline{R}=\frac{\sum R_i}{n}, S=\frac{\sqrt{\sum(R_i-\overline{R})^2}}{n-1}, C_v=\frac{S}{\overline{R}}, [R]=\frac{R_d}{1-Z_a C_v}\right)$$

第七章 路面基层

[内容提要]

本章习题内容主要考查粒料类基层的类型、特点和力学特性；无机结合料稳定材料的力学特性，水泥稳定类基层、石灰稳定类基层和工业废渣稳定基层的强度构成机理、强度影响因素和材料组成设计要点；沥青结合料类基层和无机结合料类基层的力学特性和适用场合，以及新型基层的类型和特点的知识点。

1. 粒料类基层

(1) 碎(砾)石基层及其力学特性。

(2) 碎石与级配碎石基层。

2. 无机结合料稳定类基层

(1) 无机结合料稳定材料的物理力学特性。

①应力-应变特性。

②疲劳特性。

③干缩特性。

④温度收缩特性。

(2) 石灰稳定类基层。

①强度形成机理。

②强度影响因素。

③石灰土基层的缩裂防治。

④石灰稳定土混合料设计。

3. 水泥稳定类基层

(1) 强度形成机理。

(2) 强度影响因素。

4.工业废渣稳定类基层
5.沥青结合料类基层
(1)沥青结合料类基层类型。
(2)沥青结合料类基层的力学特性。
(3)沥青结合料类基层的材料组成。
6.水泥混凝土类基层
(1)贫混凝土基层。
(2)碾压混凝土基层。
7.其他类型基层
(1)低剂量水泥稳定类基层。
(2)水泥乳化沥青综合稳定碎石基层。
(3)再生材料基层。

练 习 题

一、填空题

1.无机结合料稳定材料主要有石灰稳定土、水泥稳定土、石灰工业废渣稳定土、_____等。

2.无机结合料稳定材料基层具有_____、承载力大、整体性好以及就地取材、经济性能好等特点。但无机结合料稳定材料基层也存在对荷载的敏感性较大、收缩系数较大、_____、耐磨性能差以及维修困难等不足。

3.基层根据刚度差异分为3类:_____、半刚性基层和刚性基层。

4.石灰稳定土由石灰、土和_____组成;通过离子交换作用、结晶硬化作用、火山灰作用和碳酸化作用形成强度;影响强度形成的因素主要有土质、灰质、_____、含水率、密实度、_____、养护条件(温度和湿度等)。

5.水泥稳定土由_____、土和水组成,其强度通过水泥的水化作用、离子交换作用、化学激发作用和碳酸化作用等形成;影响强度形成的主要因素有土质、水泥的成分和剂量、_____、施工工艺过程和养护等。

6.级配型基层材料的强度和稳定性取决于_____和_____的大小。

7.基层、底基层常用的材料可分为_____类和_____类材料。

8.按照粒径的大小,土可以分为_____土、_____土和_____土。

9.石灰稳定土多用于_____的底基层或_____的基层。

10.无机结合料稳定材料又称_____材料,主要有_____、石灰稳定类和综合稳定类。

11. 纯碎石材料按嵌挤原则产生强度,它的抗剪强度主要决定于材料的_____和剪切面上的法向应力。

12. 填隙碎石可采用干法或_____施工。

13. 级配碎石基层强度主要来源于碎石本身强度及碎石颗粒之间的_____和内摩阻角。

14. 级配是影响级配碎石强度与_____的重要因素。

15. 重型击实和振动成型方法对级配碎石的试验表明,_____可使级配碎石获得更高的 CBR 值和回弹模量。

16. 在一定的应力(应变水平)水平条件下,无机结合料稳定材料的疲劳寿命取决于材料的强度和刚度,强度越大,刚度越小,疲劳寿命就_____。

17. 无机结合料稳定材料温度收缩的大小与结合料的类型和剂量、被稳定材料的类别、粒料含量、_____等有关。

18. 石灰稳定土缩裂类型主要有以下 3 种:干缩、温缩和_____。

19. 按照设计空隙率和用途的不同,沥青稳定碎石混合料可分为密级配沥青稳定碎石 ATB、半开式沥青稳定碎石 AM 和_____沥青稳定碎石 ATPB。

20. 密级配稳定沥青碎石材料的组成设计采用的是_____设计方法。

21. 贫混凝土基层主要分为摊铺式贫混凝土基层和_____贫混凝土基层。

22. 贫混凝土是由粗细集料与一定水泥和水拌和而成的一种混凝土,其中水泥用量比普通混凝土要_____,有时也称经济混凝土。

23. 贫混凝土的材料组成类型与水泥稳定碎石相比没有质的变化,只是水泥用量有所_____。

24. 基层贫混凝土配合比设计时应符合下列 3 项技术要求,即强度、工作性和_____。

25. 从材料性能上看,作为基层的碾压混凝土水泥用量与贫混凝土_____,所以可以看作一种特殊的贫混凝土。但因其干硬性和碾压施工方式,碾压混凝土混合料中水的用量较少,这对于减少混凝土成型期的_____影响显著。

26. 普通水泥稳定碎石的常用水泥剂量范围一般为 3%~6%,低剂量水泥稳定碎石的水泥剂量降低到_____。

二、选择题

1. 水泥稳定土、二灰稳定土可以用于下列哪些等级公路路面的基层和底基层?(　　)

　　A.各等级公路路面　　B.高速公路　　　C.三级公路　　　D.以上都是

2. 关于水泥土、二灰土适用的路面结构情况,下列说法正确的是?(　　)

　　A.禁止作为高速公路沥青路面的基层　　B.不能作为高速公路的底基层
　　C.可以作为水泥混凝土路面的基层　　　D.可以作为一级公路的基层

3. 下面关于交通等级与基层类型的说法正确的是(　　)。

A.特重交通的基层类型是贫混凝土、碾压混凝土或沥青混合料基层

B.重交通的基层类型是水泥稳定粒料、石灰粉煤灰稳定粒料或级配料粒基层

C.中等或轻交通的基层类型必须为水泥稳定粒料或沥青稳定碎石基层

D.以上说法都正确

4.二渣是指以下哪两种材料？（　　）

A.水泥、石灰　　　B.水泥、煤渣　　　C.石灰、煤渣　　　D.石灰、粉煤灰

5.下面哪项不是用来描述材料干缩的指标？（　　）

A.干缩应变　　　B.干缩系数　　　C.失水率　　　D.密度

6.下面哪项不是防治反射裂缝的措施？（　　）

A.设置联结层　　　　　　　　B.铺筑碎石隔离过渡层

C.加铺石灰土　　　　　　　　D.提高沥青下面层抗裂性能

7.沥青路面用贫混凝土作基层时，其交通等级宜为重交通、特重交通，或者运输煤、矿石、建筑材料的路面，贫混凝土的厚度一般为200~280mm，最小厚度为（　　）。

A.140mm　　　B.150mm　　　C.160mm　　　D.180mm

8.碾压混凝土中外加剂的使用要求满足其初终凝时间的要求，即初凝时间不早于（　　）h和终凝时间不迟于（　　）h。

A.3,8　　　B.4,6　　　C.3,10　　　D.4,10

9.无机结合料稳定材料的物理力学特性包括应力-应变关系、疲劳特性和（　　）。

A.温缩特性　　　B.干缩特性　　　C.膨胀特性　　　D.收缩特性

10.纯碎石材料的摩阻角大小主要取决于石料的强度、形状、尺寸、均匀性、表面粗糙程度以及（　　）。

A.施工时的压实程度　　　　　B.级配

C.密度　　　　　　　　　　　D.土层厚度

11.级配碎（砾）石以及符合级配、塑性指数等技术要求的天然砂砾，可适用于（　　）。

A.一级公路的基层　　　　　　B.各等级公路的底基层

C.各等级公路的基层　　　　　D.重交通公路的基层

12.下面关于路面基层的说法正确的是（　　）。

A.填隙碎石基层只能用于二级公路的基层

B.基层可分为无机结合料稳定类和粒料类

C.石灰稳定土基层可以作为高级路面的基层

D.级配砾石不可用于二级及二级以下公路的基层

13.下列结合料稳定类适合作为高速公路基层的有（　　）。

A.天然土　　　B.水泥土　　　C.水泥砂砾　　　D.二灰土

14.适用于龄期不超过2d的无机结合料稳定细粒土的密度测试，所取的试样宜处在碾压层的中部，不适用于含有粒料的稳定土及松散性材料的基层（底基层）是什么方

法？(　　)

  A.灌砂法　　　　B.钻芯法　　　　C.环刀法　　　　D.核子密度仪法

  15.结合《公路工程质量检验评定标准　第一册　土建工程》(JTG F80/1—2017)规定,测定级配碎石基层压实法应优先采用(　　)。

  A.环刀法　　　　B.灌砂法　　　　C.钻芯取样法　　　D.核子密度仪法

  16.下列材料中,可用于防止路面反射裂缝的有(　　)。

  A.土工格栅　　　B.油毛毡　　　　C.塑料布　　　　D.聚丙乙烯拉筋带

三、名词解释

1.刚性基层

2.柔性基层

3.半刚性基层

4.水泥稳定类基层

5.石灰粉煤灰类基层

6.沥青稳定碎石混合料

7.碾压混凝土

8.碾压混凝土压实度

9.贫混凝土

10.水泥乳化沥青综合稳定碎石

四、简答题

1.简述石灰稳定土的材料组成和强度作用原理、影响强度形成的因素、性能和适用的路面结构层位。

2.简述水泥稳定土的材料组成和强度作用原理、影响强度形成的因素、性能和适用的路面结构层位。

3.如何防治无机结合料稳定材料基层收缩裂缝对沥青路面的影响？

4.简述无机结合料稳定材料的分类及其各自的材料组成。

5.简述无机结合料稳定土材料的特性。

6.简述无机结合料稳定土材料基层的优缺点。

7.为了提高无机结合稳定材料的质量,施工时的注意事项有哪些?

8.简述水泥稳定类基层的特点。

9.简述水泥稳定类土和水泥土的差异。

10.简述沥青稳定碎石材料与沥青混合料相比在主要结构功能上的区别。

11.根据结合料类型的不同,简述基层的3种材料类型。

12.简述密级配沥青稳定碎石材料与级配碎石材料相比在主要结构功能上的区别。

第八章

沥青路面及其结构设计

[内容提要]

本章主要内容主要有沥青路面的基本特性、沥青路面的分类、力学特性、路用性能、气候分区等,沥青路面的设计方法,路面病害与设计控制指标、路基与路床基本要求,以及路面结构组成设计、结构设计验算指标及标准,我国沥青路面厚度设计、多个设计控制指标体系下沥青路面的设计过程、沥青路面结构设计应遵循原则,以及排水设计、沥青路面改(扩)建设计等知识点。

1. 沥青路面的分类与特性
(1) 沥青路面的分类。
(2) 沥青路面的力学特性。
(3) 沥青混合料的黏弹性性质与力学模型。
(4) 沥青混合料的变形特性。
(5) 沥青混合料的强度特性。

2. 沥青路面使用性能和分区
(1) 沥青路面的高温稳定性。
(2) 沥青路面的低温抗裂性。
(3) 沥青路面的水稳定性。
(4) 沥青路面的抗疲劳性能。
(5) 沥青路面的抗老化性能。
(6) 沥青路面使用性能的气候分区。

3. 弹性层状体系理论
(1) 基本假设与解题方法。
(2) 主应力计算。

4.沥青路面的破坏状态及其控制设计
(1)裂缝。
(2)车辙。
(3)推移。
(4)低温缩裂。
(5)松散剥落。
(6)表面磨光。
(7)路面弯沉过大。
5.沥青路面结构组合设计
(1)路面结构组合。
(2)沥青面层结构类型选择。
(3)基层类型选择。
(4)功能层选择。
6.我国沥青路面结构设计验算
(1)我国沥青路面设计指标与标准。
(2)路面结构验算方法。
(3)路面结构验算流程。
7.沥青路面结构改建设计
(1)既有路面调查与分析。
(2)改建方案。
(3)改建路面结构验算。

练 习 题

一、填空题

1.沥青面层宜选用密实型沥青混合料,其基层可选用_____。行车道路面结构不设内部排水设施时,基层下应选用_____。

2.高温使沥青路面强度和_____大大降低,低温会使路面产生_____病害。

3.影响路面温度的外在因素主要是气温、_____、风力、降水量和蒸发量及冷凝作用等。

4.车辙是沥青路面的主要病害之一,它是路面结构及路基土在行车荷载作用下的_____,以及结构层材料的侧向位移产生的_____。研究表明,采用_____表征沥青混合料的热稳定性是适宜的。

5.按照沥青路面的技术特性分类,沥青路面面层可以分为沥青混凝土、_____、

_____、_____和_____5种类型。

6.沥青路面高温失稳可能出现的病害有_____和_____等。

7.路面结构层,按其层位和作用,自上而下可分为_____、_____和_____。

8.沥青路面的常见病害有_____、_____、松散剥落、表面磨光、泛油、波浪、拥抱、坑槽、啃边。

9.《公路沥青路面设计规范》(JTG D50—2017)规定,沥青路面结构力学指标计算采用_____作用下的_____理论体系。

10.我国沥青及沥青混合料气候分区采用的指标有高温指标、_____和_____。

11.沥青路面结构设计方法可概括为经验法、力学-经验法、典型结构法和优化设计法等,我国设计方法属于_____。

12.我国沥青路面设计以双轮组单轴载_____kN为标准轴载,以等效原则建立轴载换算关系。

13.由于沥青路面使用_____材料,因而增强了矿料间的_____,提高了混合料的强度和稳定性,使路面的使用质量和耐久性都得到了提高。

14.沥青路面面层直接承受车辆和大气因素的作用,而沥青材料的物理、力学性质受气候和水文因素的影响很大,故沥青路面必须满足以下基本要求:高温稳定性、_____、耐久性、抗滑能力、防渗能力等。

15.为了保证高温季节沥青路面在行车荷载的反复作用下不致产生诸如波浪、推移、车辙、泛油、粘轮等病害,沥青路面应具有良好的_____,确保高温时期仍有足够的强度与刚度。

16.从低温抗裂要求出发,沥青路面在低温时,应具有较强的劲度和较大的抗变形能力,且在行车荷载作用下不致产生_____。

17.由于沥青路面在高温时变形能力较强,而低温时变形能力差,故无论哪种裂缝,以在_____时发生的居多。

18.沥青混合料的压实度直接决定着其成型后的强度,在没有出现过压的一定范围之内,压实度越大_____。沥青混合料压实度表征的3种方式有理论密度的压实度、_____、试验段密度的压实度。

19.沥青混合料是由集料、_____和空气组成的三相空间体系。

20.沥青混合料是一种_____材料,弹、黏、塑性是其力学特性的基本单元。

21.根据实际状况的损坏状态分析,沥青混合料抵抗破坏的指标主要有3个方面,即_____、断裂强度(抗拉强度)和临界应变。

22.我国现行沥青路面结构设方法计中,路面结构验算时沥青混合料结构层模量取用的是_____℃标准试验温度条件下材料的固定值。

23.马歇尔试验的稳定度、_____和马歇尔模数作为评价沥青混合料高温稳定性和混合料设计的依据。

24.蠕变试验常采用单轴静载、三轴静载、_____和三轴重复加载4种方式进行。

25.沥青混合料常用的疲劳力学模型有_____、断裂力学模型和能耗模型。

26.沥青老化试验方法有短期老化试验和_____方法。沥青短期老化试验方法有_____、沥青旋转薄膜加热试验等。

27.按照《公路沥青路面设计规范》(JTG D50—2017)的规定,沥青路面结构设计使用年限为:高速公路和一级公路不应低于_____年;二级公路不应低于_____年;三级公路不应低于_____年;四级公路不应低于_____年。

28.我国沥青路面的设计指标有沥青混合料层层底拉应变、无机结合料稳定层_____、沥青混合料层永久变形量、路基路面竖向压应变,以及低温开裂指数和防冻厚度等。

29.我国沥青路面的设计参数有路基回弹模量及其_____、粒料层回弹模量、无机结合料稳定材料层的动态抗压回弹模量、沥青混合料动态压缩模量、沥青混合料车辙深度等。

30.为了考虑温度的影响,我国现行规范规定,根据所在地区的气温条件、路面结构类型和结构层厚度,采用_____表征不同地区气候条件对路面结构层疲劳开裂和路基顶面竖向压应变的影响;根据所在地区气候条件,采用_____表征对沥青混合料层永久变形的影响。

31.沥青路面在力学性质上属于非线性的_____,但考虑到行使车轮作用的瞬时性,在路面结构中产生的黏-塑性变形数量很小,所以对于厚度较大、强度较高的路面,将其视作_____,并应用_____理论进行分析。

二、选择题

1.沥青混合料马歇尔稳定度试验,标准试件高度应符合(　　)要求。
A.(63.5±1.0)mm　　　　　　　　B.(60.5±1.0)mm
C.(63.5±1.3)mm　　　　　　　　D.(60.5±2.5)mm

2.沥青混合料在下列哪种情况下,除具有弹性性质外,最有可能兼有黏弹-塑性?(　　)
A.加荷时间短促,温度较低　　　　B.加荷时间较长,温度较高
C.加荷时间较长,温度较低　　　　D.加荷时间短促,温度较高

3.密实型沥青混凝土混合料,剩余空隙率为(　　)。
A.2%~4%　　B.3%~5%　　C.3%~6%　　D.2%~6%

4.弯沉值的单位一般以(　　)计。
A.0.1mm　　B.1mm　　C.0.01mm　　D.0.01m

5.下面哪个不是沥青路面分类所依据的原则?(　　)
A.强度构成原理　　　　　　　　B.施工工艺
C.沥青路面技术特性分类　　　　D.沥青用量

6.沥青路面按强度构成原理可分为密实型和嵌挤型两大类,下面哪个不是沥青混合料的结构形态?(　　)

A.悬浮-密实结构　　　　　　　　B.骨架-空隙结构
C.自由离散型　　　　　　　　　　D.骨架-密实结构

7.根据形成起因,沥青路面车辙可分为多种主要类型,下面哪个不属于车辙的主要形式?(　　)
A.失稳型车辙　　B.剥落型车辙　　C.结构型车辙　　D.磨耗型车辙

8.按照《公路沥青路面设计规范》(JTG D50—2017)的规定,路面抗滑性能以横向力系数 SFC_{60} 和(　　)为主要指标。
A.摆式摩擦系数　　　　　　　　B.摩阻系数 f
C.宏观构造深度 TD　　　　　　　D.滑移指数 SN

9.下面哪个试验不是用来确定沥青混合料黏聚力 c 和内摩擦角 φ 这两个参数的?(　　)
A.三轴试验　　B.直剪试验　　C.简单拉压试验　　D.弯拉试验

10.公路工程用沥青主要是道路石油沥青、乳化沥青、改性沥青和改性乳化沥青,下列属于改性沥青的是(　　)。
A.拌和用乳化沥青　　　　　　　B.喷洒型改性乳化沥青
C.PE 沥青　　　　　　　　　　　D.阳离子乳化沥青

11.下列沥青材料中,属于地沥青的是(　　)。
A.天然沥青　　B.木沥青　　C.煤沥青　　D.页岩沥青

12.采用拌和法为下封层铺筑时,宜采用 AC-5 砂粒式沥青混凝土,厚度宜为(　　)cm。
A.0.1　　　　B.1　　　　C.2　　　　D.3

13.下列沥青类路面中,哪一种结构不是采用层铺法施工的?(　　)
A.沥青混凝土　　B.沥青碎石　　C.SMA　　D.沥青贯入式

14.现行规范中沥青路面的设计理论为(　　)。
A.应力扩散理论　　　　　　　　B.板壳理论
C.层状弹性体系理论　　　　　　D.三层弹性体系理论

15.下列沥青路面中属于高等级沥青路面的是(　　)。
A.沥青表面处治　　　　　　　　B.沥青贯入式
C.碎石路面　　　　　　　　　　D.厂拌沥青混凝土

16.沥青混凝土路面施工工艺主要有以下4项,正确的排序为(　　)。
①沥青混合料的运输　②沥青混合料的摊铺　③沥青混合料的拌和　④沥青混合料碾压
A.③①②④　　B.①②③④　　C.②①③④　　D.①②④③

17.沥青混凝土路面碾压施工中,(　　)速度最低。
A.初压　　　　B.复压　　　　C.终压

18.沥青路面在静载作用下路面变形与荷载呈直线关系的是(　　)。

A.塑性阶段　　　　B.弹性阶段　　　　C.弹塑性阶段　　　　D.破坏阶段
19.温度降低时,关于沥青路面的特性,下列说法正确的是( )。
　A.强度增大,刚度降低,抗变形能力降低
　B.强度、刚度、抗变形能力均降低
　C.强度增大,刚度降低,抗变形能力增大
　D.强度、刚度增大,抗变形能力增大
20.SMA 适于在高速公路、一级公路路面作( )使用。
　A.表面层　　　　B.中面层　　　　C.下面层　　　　D.上基层
21.沥青混合料按其组成结构可分为 3 种主要形式,下列哪种不属于此种形式?( )
　A.悬浮-密实结构　　　　　　B.骨架-空隙结构
　C.悬浮-骨架结构　　　　　　D.密实-骨架结构(嵌挤结构)
22.下列哪个不属于热拌沥青混合料马歇尔技术指标?( )
　A.稳定度、流值　B.空隙率　　　　C.沥青含量　　　D.矿料间隙率
23.下列试验中哪些是沥青混合料高温稳定性评价方法?( )
　A.单轴压缩试验　B.马歇尔试验　　C.蠕变试验　　　D.劈裂试验
24.下列试验中哪些是沥青混合料低温抗裂性评价方法?( )
　A.间接拉伸试验　　　　　　　B.直接拉伸试验
　C.轮载试验　　　　　　　　　D.应力松弛试验和弯曲破坏试验
25.沥青路面的施工方法有( )。
　A.层铺法　　　　　　　　　　B.碾压混凝土法
　C.滑模摊铺法　　　　　　　　D.轨道摊铺法
26.下列沥青路面破坏中,哪个属于功能性破坏?( )
　A.断裂　　　　　B.不平整　　　　C.弯沉过大　　　D.接缝损坏
27.下列哪些指标不是影响沥青路面压实效果的主要因素?( )
　A.压实温度　　　B.沥青用量　　　C.碾压遍数　　　D.碾压速度
28.以下选项不属于高级路面的有( )。
　A.沥青混凝土路面　　　　　　B.水泥混凝土路面
　C.SMA 路面　　　　　　　　　D.热拌沥青碎石
29.下列因素中哪些不属于产生沥青路面车辙的主要原因?( )
　A.荷载应力的大小　　　　　　B.重复作用次数
　C.结构层和土基的性质　　　　D.湿度影响

三、判断题

1.沥青碎石属于高级路面。　　　　　　　　　　　　　　　　　　　　(　)
2.沥青路面设计中不考虑疲劳。　　　　　　　　　　　　　　　　　　(　)

3. 沥青混凝土中沥青越多越好。（ ）
4. 动稳定度是衡量沥青混凝土高温性能的指标。（ ）
5. 抗弯拉强度可用劈裂试验测出。（ ）
6. 层间状态对沥青路面结构中的拉应力影响很小。（ ）
7. 温度越低，沥青混凝土抗拉强度越低。（ ）
8. 确定路面材料疲劳强度时，既可用控制应力法，也可用控制应变法。（ ）
9. 所谓潮湿系数，是指年降雨量与年蒸发量之比。（ ）
10. 沥青混合料车辙试验，测定温度应控制在 40℃±1℃。（ ）
11. 表干法适用于测定吸水率大于 2%的各种沥青混合料密度。（ ）
12. 沥青混合料马歇尔稳定度试验中，标准马歇尔试件应在 60℃±1℃ 的恒温水中恒温 30~40min。（ ）
13. 沥青混合料标准试件制作，当集料的公称最大粒径小于或等于 19.0mm 时，可直接取样（直接法）。（ ）
14. 用干燥的磨细消石灰或生石灰粉作为矿料的一部分，可以增大沥青混合料的抗剥落性能。（ ）
15. 沥青混合料残留稳定度是指试件浸水 7h 后的稳定度。（ ）
16. 试验表明，在相同情况下沥青混合料中的沥青黏度越高，黏结力越大。（ ）
17. 蜡封法适用于测定吸水率小于 2%的沥青混合料试验的毛体积密度。（ ）
18. 沥青混合料马歇尔稳定度试验中，一组试件的数量不得少于 4 个。（ ）
19. 沥青混合料标准试件制作，当集料公称最大粒径大于 31.5mm，也可利用直接法，但一组试件的数量应增加至 6 个。（ ）
20. 沥青混合料配合比试验时，密度曲线一定出现峰值。（ ）
21. 热拌沥青混合料的细集料可使用石屑，但在高速公路、一级公路中，石屑用量不宜超过天然砂及机制砂用量。（ ）
22. 相比普通 AC 型沥青混合料，SMA 混合料拌和时间应适当延长。（ ）
23. 沥青路面各结构层材料的回弹模量一般自上而下递减。（ ）
24. 沥青混凝土混合料的抗剪强度，可用直剪试验来确定。（ ）
25. 沥青混凝土混合料中掺入矿粉主要是为增加混合料的和易性，易于施工。（ ）
26. 沥青面层结构内任一点的温度呈周期性起伏，起伏的幅度取决于气温和太阳辐射热。此外，该点离路表越深，起伏越小，峰值出现越滞后。（ ）
27. 沥青路面结构设计时，轴载换算方法是唯一的。（ ）
28. 沥青及沥青混合料气候分区，按照高温指标、低温指标及雨量指标分为 26 个沥青路面气候区名，分区代表数字越小表示气候因素的影响越严重。（ ）
29. 沥青路面结构组合设计的基本原则是，面层具有抗滑、抗车辙、抗剪切性能；基层具有抗疲劳性能；路基密实、稳定、均匀；层间结合牢固、耐久。（ ）
30. 沥青路面设计控制指标"沥青混合料层层底拉应变"的设计标准是，沥青层疲劳寿命

N_{f1} 大于按照沥青层疲劳等效换算得到的设计车道累计当量轴载作用次数 N_{e1}。（　　）

31. 沥青路面设计控制指标"无机结合料层层底拉应力"的设计标准是，无机结合料层疲劳寿命 N_{f2} 大于按照无机结合料层疲劳等效换算得到的设计车道累计当量轴载作用次数 N_{e2}。（　　）

32. 沥青路面设计控制指标"路基顶面竖向压应变"的设计标准是，路基顶面的最大竖向压应变应小于容许压应变值 ε_z。（　　）

33. 沥青路面设计控制指标"沥青混合料层容许永久变形"的设计标准是，验算得到的沥青混合料层永久变形量（或者实测的沥青路面车辙 R_a）应满足规范规定的值。（　　）

34. 季冻区沥青路面设计控制指标"低温开裂指数 CI"的设计标准是，验算得到的 CI 应满足（即小于）规范规定的要求。（　　）

35. 对于给定的原始交通量组成信息，沥青路面设计中多个控制指标（如沥青层疲劳寿命 N_{f1}、无机结合料层疲劳寿命 N_{f2} 等）验算标准中用到的设计车道累计当量轴载作用次数 N_e 都一样。（　　）

36. 整体性材料结构层的低温缩裂多呈横向间隔性裂缝，这主要是由沥青层缩裂引起的。（　　）

37. 接缝损坏属于沥青路面的破坏形式。（　　）

38. 沥青路面的表面温度总是高于大气的温度。（　　）

四、名词解释

1. 沥青路面

2. 沥青混合料的高温稳定性

3. 沥青混合料的低温抗裂性

4. 低温开裂

5.低温开裂指数 CI

6.蠕变

7.应力松弛

8.车辙

9.时间温度换算法则

10.劲度模量

11.软化系数 K_T

12.沥青混合料水稳定性

13.沥青老化

14.沥青抗老化特性

15.基准路面结构

16.路面设计控制指标

五、简答题

1.简述沥青路面的定义及其特性。

2.简述按照不同原则(强度构成原理、技术特性、施工工艺)划分的沥青路面类型,以及各种类型的适用条件。

3.简述沥青路面结构各个层次的功能以及对其的要求。

4.简述沥青路面结构中基层的作用、要求和常用类型。

5.沥青路面使用中有哪些主要性能要求?

6.简述影响沥青路面高温稳定性的主要因素以及提高其的主要措施。

7.简述沥青路面低温开裂机理、影响因素及其预防措施。

8.简述沥青路面的裂缝表现形式及其产生的原因。

9.简述车辙的定义及其产生的原因。

10.简述沥青路面的抗滑性能及现行规范对各级公路的具体要求。

11.简述沥青路面的疲劳特性、疲劳破坏机理,影响疲劳的因素,以及沥青路面疲劳特性的研究方法。

12.简述影响沥青路面老化的主要因素及其产生的原因。

13. 简述沥青路面的主要病害类型及其产生的原因。

14. 为什么要进行沥青路面、沥青及沥青混合料气候分区？给出各自气候分区指标和分区结果。试从气候分区来探讨不同地区对沥青混合料的基本要求。

15. 材料的基本力学模型有哪些？沥青混合料的力学模型属于哪种？

16. 简述沥青路面的应力应变特性。

17. 简述具有黏弹性的沥青混合料的基本性质。

18. 如何理解沥青混合料的蠕变和应力松弛现象？沥青混合料主要呈现的状态是弹性或黏塑性，请将应力作用时间和松弛时间做比较，给出各种状态出现的条件。

19. 简述沥青混合料的组成设计过程，说明沥青混合料组成设计的目标及它们之间存在的主要矛盾。

20. 简要写出普通沥青混合料配合比设计流程。

21. 简要写出 SMA 改性沥青混合料配合比设计流程。

22. 简述影响沥青与集料之间黏结力的因素。

23. 简述沥青混合料中测定沥青含量的各种方法及其适用条件。

24. 简述沥青混合料高温稳定性评价指标及试验方法。

25. 简述沥青混合料低温抗裂性评价指标及试验方法。

26.除了自然因素外,影响沥青混合料抗剪强度的因素还有哪些?

27.简述沥青混合料的水稳性作用机理及其评价方法,给出提高其水稳定性的技术措施。

28.简述按照沥青混合料的矿料级配组成特点划分出的类型,并给出沥青混合料形成不同结构形式的原因。

29.简述弹性层状理论的基本假设、力学计算图示,并分析与实际情况的异同。

30.简述弹性层状体系应力应变求解的思路。

31.简述沥青路面结构组合设计的具体要求。

32.简述常用的沥青路面结构组合类型。

33.试述沥青路面结构组合,以及各结构层厚度的确定方法与依据。

34. 沥青路面结构层在什么情况下需要进行当量沥青面层和当量基层的换算,从而简化成基准的三层路面结构?

35. 按照《公路沥青路面设计规范》(JTG D50—2017)的规定,沥青路面设计时为何要选用多指标作为设计控制指标?给出沥青路面结构的设计验算控制指标,以及各个设计指标分别控制的沥青路面结构病害、对应的力学响应及其竖向位置。

36. 按照《公路沥青路面设计规范》(JTG D50—2017)的规定,对于不同的控制指标,沥青路面设计标准分别是什么?

37. 沥青路面设计内容包括什么项目?选取沥青路面设计指标遵循的原则是什么?

38. 按照《公路沥青路面设计规范》(JTG D50—2017)的规定,给出沥青路面的设计流程,并详细给出流程中每一步需要设计计算的具体内容。

39. 简述温度调整系数 K_{Ti} 的定义,以及使用温度调整系数的原因和作用。

40. 沥青路面验收时采用弯沉值,为什么不能直接用实测弯沉平均值 $\bar{l}_0$,而要用代表弯沉值 l_0?

41. 路面补强设计工作包括哪些内容?

42.改建沥青路面设计与新建沥青路面设计的区别是什么？

43.按照《公路沥青路面设计规范》(JTG D50—2017)的规定,分别给出下列 6 组以沥青混合料为面层时,不同基层和底基层组合结构的设计控制指标。
(1)基层是无机结合料稳定类,底基层是粒料类或者无机结合料稳定类。
(2)基层是沥青结合料类,底基层是粒料类。
(3)基层是沥青结合料类,底基层是无机结合料稳定类。
(4)基层是粒料类,底基层是粒料类。
(5)基层是粒料类,底基层是无机结合料稳定类。
(6)基层是水泥混凝土。

六、计算题

1.某新建双向四车道高速公路属重交通,路面结构见表8-1。试将该结构换算为由当量沥青面层、当量基层和路基构成的三层路面结构。给出计算过程,并将换算后的面层和基层厚度和模量填入表 8-2 中。

$$h_i^* = h_{i1} + h_{i2} \text{(mm)}, E_i^* = \frac{E_{i1}h_{i1}^3 + E_{i2}h_{i2}^3}{(h_{i1}+h_{i2})^3} + \frac{3}{h_{i1}+h_{i2}} \left(\frac{1}{E_{i1}h_{i1}} + \frac{1}{E_{i2}h_{i2}} \right)^{-1} \text{(MPa)}$$

式中,$i=a$ 代表沥青面层;$i=b$ 代表基层。

路面结构基本信息　　　　　　　　　　　表 8-1

材　料	厚度(mm)	模量(MPa)	备　注
沥青混凝土 AC-13	50	$E_{a1}=9000$	面层
沥青混凝土 AC-20	60	$E_{a2}=10000$	面层

续上表

材　料	厚度(mm)	模量(MPa)	备　注
沥青混凝土 AC-25	80	$E_{a3}=12500$	面层
水泥稳定碎石	300	$E_{b1}=12000$	基层
水泥稳定碎石	200	$E_{b2}=7000$	基层
天然砂砾	200	$E_{b3}=150$	底基层
路基		$E_0=70$	土基

换算后的三层路面结构　　　　　表 8-2

材　料	厚度(mm)	模量(MPa)	备　注
当量沥青面层		$E_a=$	面层
当量基层		$E_b=$	基层
路基		$E_0=$	土基

2. 某公路验收时现场测定的 10 个实测弯沉值分别为 69、77、75、69、76、67、68、70、74、59(0.01mm)，目标可靠指标 β 为 1.282，试通过计算其平均值 $\bar{l}$、标准差 S 来计算代表弯沉值 l_0。$\left(\bar{l}=\dfrac{1}{n}\sum l_i, S=\dfrac{\sqrt{\sum(l_i-\bar{l})^2}}{n-1}, l_0=\bar{l}+\beta\cdot S\right)$

3. 基于下述项目概况与交通荷载参数，利用"好路网"平台网络软件设计并验算路面结构。

该项目位于内蒙古自治区，属于高速公路，起点桩号为 k0+000，终点桩号为 k15+000，设计使用年限为 15 年，根据交通量 OD 调查分析，断面大型客车和货车交通量为 6008 辆/日，交通量年增长率为 8.9%，方向系数取 50.0%，车道系数取 40.0%。车型分布系数中：2 类、3 类和 5 类车型分别占比 22%、77% 和 1%，其他车型占比 0%。

第九章 水泥混凝土路面及其结构设计

[内容提要]

本章习题主要考查水泥混凝土路面的类型及其特点;水泥混凝土及其材料组成的技术要求;水泥混凝土路面设计理论、设计标准和设计指标;水泥混凝土路面的荷载应力、温度应力的设计计算,以及厚度设计等内容。

1. 水泥混凝土路面分类
(1) 普通水泥混凝土路面。
(2) 钢筋混凝土路面。
(3) 连续配筋钢筋混凝土路面。
(4) 钢纤维混凝土路面。
(5) 复合式混凝土路面。
(6) 混凝土预制块路面。
(7) 装配式混凝土路面。

2. 水泥混凝土路面构造
(1) 路基。
(2) 基层。
(3) 水泥混凝土面层。
(4) 排水和接缝。

3. 弹性地基板理论
(1) 水泥混凝土路面的荷载应力分析。
① 单层板荷载应力。

②双层板荷载应力。

③复合板荷载应力。

(2)水泥混凝土路面的温度应力。

①胀缩应力。

②翘曲应力。

4.水泥混凝土路面的破坏及设计指标与标准

(1)水泥混凝土路面破坏类型。

(2)水泥混凝土路面破坏的极限状态。

(3)水泥混凝土路面破坏的设计准则。

(4)交通分级与设计参数。

(5)路面厚度设计流程。

5.水泥混凝土路面结构设计的可靠度理论

(1)水泥混凝土路面结构极限状态函数。

(2)可靠度系数与可靠指标。

(3)水泥混凝土路面结构的目标可靠度。

(4)水泥混凝土路面结构的可靠度设计步骤。

6.水泥混凝土路面结构组合设计

(1)水泥混凝土路面板。

(2)水泥混凝土路面基层。

(3)水泥混凝土路面的路基和功能层。

7.水泥混凝土路面厚度设计

(1)设计计算模型及选择。

(2)弹性地基的综合回弹模量。

(3)单层板模型的设计方法。

(4)双层板模型的设计方法。

(5)复合板模型设计方法。

8.特殊水泥混凝土路面设计

(1)钢筋混凝土路面板配筋设计。

(2)连续配筋混凝土路面板配筋设计。

练 习 题

一、填空题

1.水泥混凝土路面与其他路面相比,具有的优点是强度高、稳定性好、_____、有利于夜间行车;缺点是对水泥和水的需求量大、有接缝、开放交通较迟、修复困难。

2.水泥混凝土路面设计方案,应根据公路的使用任务、性质和要求,结合当地气候、水文、_____、_____、施工技术、实践经验以及环境保护要求等,通过技术经济分析确定。

3.以水泥混凝土做面层(配筋或不配筋)的路面,亦称_____。

4.除接缝区和局部范围外,面层内均不配筋的水泥混凝土路面,亦称_____。

5.水泥混凝土路面最新设计规范根据路面结构的可靠度进行设计,其设计安全等级是依据_____和_____而划分的。

6.水泥混凝土路面结构在规定的时间内和规定的条件下完成预定功能的概率称_____。为保证所设计的结构具有规定的可靠度,在水泥路面结构极限状态设计表达式中采用的单一综合系数 γ_r 称作路面结构的_____。

7.碾压混凝土基层应设置与混凝土面层相对应的接缝。一次摊铺宽度大于7.5m时,应设置纵向_____。

8.排水基层下应设置由水泥稳定粒料或者密级配粒料组成的不透水底基层,厚度一般为200mm。底基层顶面宜铺设_____或_____。

9.水泥混凝土面层应具有足够的_____、_____、_____、耐磨和平整等性能。

10._____纵向接缝的间距按路面宽度在3.0~4.5m范围内确定。钢筋混凝土、_____和_____面层全幅摊铺时,可不设纵向缩缝。

11.钢纤维混凝土面层的厚度按钢纤维掺量确定,钢纤维体积率为_____时,其厚度为普通混凝土面层厚度的0.55~0.75倍。特重或重交通时,其最小厚度为_____,中等或轻交通荷载时其最小厚度为160mm。

12.路肩铺面结构应具有一定的承载能力,其结构层组合和材料选用应与行车道路面相协调,并保证_____。

13.行车道路面应设置_____或_____横坡,坡率为1%~2%。路肩铺面的横向坡值宜比行车道路面的横坡率值大1%~2%。

14.排水基层的纵向边缘集水沟,路肩采用水泥混凝土面层时,可设在路肩下,或_____;排水垫层的纵向边缘集水沟设在路肩内侧边缘内路床边缘,路肩采用沥青面层时,可设在路肩_____。

15.纵缝应与_____平行。在路面等宽路段内或路面变宽路段的等宽部分,纵缝的间距和形式应_____。路面变宽段的加宽部分与等宽部分之间,以纵向施工缝隔开。加宽板在变宽段起终点处的宽度不应小于1m。

16.两条道路正交时,各条道路的直道部分均保持本身纵缝的连贯,而相交路段内各条道路的横缝位置应按相对道路的纵缝间距作相应变动,保证两条道路的纵横缝_____。两条道路斜交时,主要道路的直道部分保持纵缝的连贯,而相交路段内的横缝位置应按次要道路的纵缝间距作相应变动,保证与互不错位次要道路的纵缝

_____。相交道路弯道加宽部分的接缝布置,应不出现或少出现_____。

17.混凝土路面与固定构造物相衔接的胀缝无法设置传力杆时,可在毗邻构造物的板端部内配置_____;或在长度为 6~10 倍板厚的范围内逐渐将板厚增加_____。

18.连续配筋混凝土面层与其他类型路面或构造物相连接的端部,应设置_____。

19.胀缝接缝板应选用能适应混凝土板膨胀收缩、施工时不变形、复原率高,且_____的材料。

20.选用接缝装置材料时,高速公路和一级公路宜选用泡沫橡胶板、_____;其他等级公路也可选用_____或_____。

21.纵向钢筋设在面层顶面下_____范围内,横向钢筋位于纵向钢筋_____。

22.纵向钢筋的搭接长度一般不小于_____倍钢筋直径,搭接位置应错开,各搭接端连线与纵向钢筋的夹角应小于 60°。

23.加铺层应根据使用要求及旧混凝土路面的状况,选用分离式或_____水泥混凝土加铺结构,或沥青混凝土加铺结构,经技术经济比较后选定。

24.为保证所设计的结构具有规定的可靠度,而在极限状态设计表达式中采用的单一综合系数称作_____。

25.旧混凝土面层损坏状况等级为差时,宜将混凝土板破碎成小于_____的小块,用作新建路面的底基层或垫层,并应按新建水泥混凝土路面或沥青路面类型进行设计。

26.旧混凝土面层板的接缝传荷能力和板底脱空状况采用_____调查评定。弯沉测试宜采用落锤式弯沉,也可采用_____,其支点不得落在弯沉盆内。

27.板底脱空可根据面层板角隅处的多级荷载弯沉测试结果,并综合考虑唧泥和_____,以及接缝传荷能力进行判别。

28.在旧混凝土面层与加铺层之间应设置隔离层。隔离层材料可选用_____、混凝土、沥青砂或者_____等,不宜采用砾碎石等松散粒料。沥青混合料隔离层的厚度不宜小于 25mm。

29.加铺层可采用_____、钢纤维混凝土、钢筋混凝土和连续配筋混凝土。普通混凝土、钢纤维混凝土和连续配筋混凝土加铺层不得小于 180mm;钢纤维混凝土加铺层的最小厚度在中等或轻交通时不宜小于 160mm。

30.采用_____、喷射、高压水、钢珠酸蚀等方法,打毛清理混凝土面层表面,并在清理后的表面涂敷黏结剂,使加铺层与旧混凝土面层结合成整体。

31.加铺层的接缝形式和位置应与旧混凝土面层的接缝完全_____,加铺层内可不设_____。加铺层的最小厚度为 25mm。

32.沥青加铺层的厚度按减缓反射裂缝的要求确定时,高速公路和一级公路的最小厚度宜为_____,其他等级公路的最小厚度宜为_____。

33.水泥混凝土板接缝按位置分为_____和_____;按其作用分为缩缝、胀缝和_____ 3 种。

34.钢筋混凝土路面配置钢筋的目的并非为增加板体的弯拉强度而减薄面板的厚度,而是确保混凝土路面板在产生裂缝之后保持_____。

35.水泥混凝土路面设计理论常用的是_____理论和有限元理论。

36.水泥混凝土路面设计中,对极重、特重、重交通的面板混凝土28d抗弯拉强度的强制标准最小是_____MPa。

37.通常水泥混凝土路面在_____缝处设传力杆,在_____缝处设拉杆。

38.水泥混凝土路面板在未翘起的情况下,荷载作用在_____平面位置时对应的板内应力最大;从纵向位置看,该应力出现在混凝土路面板的_____位置。

39.水泥混凝土路面常见的破坏类型有_____的破坏、混凝土板本身的破坏。

40.水泥混凝土路面的加铺层与原路面的结合形式有结合式加铺层、直接式加铺层和_____加铺层。

41.连续配筋混凝土路面纵向连续钢筋是根据混凝土的_____与温度收缩而引起的钢筋受力状态来设置的,在分析钢筋应力时,不考虑车轮荷载对钢筋应力的影响。

二、选择题

1.可以用来度量路面结构可靠性的是(　　)。
　　A.可靠指标　　　　B.目标可靠度　　　C.目标可靠指标　　D.可靠度系数

2.水泥混凝土面层路肩的厚度通常与行车道面层等厚,基层宜与行车道基层相同。选用薄层面层时,其厚度不宜小于(　　)。
　　A.250mm　　　　B.200mm　　　　C.150mm　　　　D.100mm

3.旧混凝土面层的弯拉强度标准值可以采用钻孔芯样的劈裂试验测定结果按公式 $f_r = 1.87 f_{sp}^{0.87}$(MPa)与 $f_{sp} = \bar{f}_{sp} - 1.04 s_{sp}$(MPa)计算确定,对于这两个公式下列表述不正确的是(　　)。
　　A. f_r:旧混凝土弯拉强度标准值
　　B. f_{sp}:旧混凝土劈裂强度标准值
　　C. $\bar{f}_{sp}$:旧混凝土劈裂强度测定值的均值
　　D. s_{sp}:旧混凝土劈裂强度测定值的变异系数

4.在水泥混凝土路面检验评定中,对评分值影响最大的是(　　)。
　　A.弯沉　　　　　B.抗滑　　　　　C.弯拉强度　　　D.平整度

5.水泥混凝土路面具有很多优点,下列哪个不属于其优点的描述项目?(　　)
　　A.强度高　　　　　　　　　　　　B.耐久性好
　　C.稳定性好　　　　　　　　　　　D.有接缝平整度高

6.水泥混凝土路面弯拉强度试验,试件标准养护时间为(　　)。
　　A.7d　　　　　　B.28d　　　　　C.14d　　　　　D.21d

7.水泥混凝土路面在板厚计算时以荷载疲劳应力和温度疲劳应力之和不超过混凝土

板在使用年限内的( )。

  A.抗折强度   B.抗折疲劳强度
  C.抗弯拉强度   D.荷载疲劳应力

8.在进行水泥混凝土路面板平面尺寸验算与板厚计算时,基层弹性模量之间的关系为( )。

  A.两者相同   B.板厚计算时比平面尺寸时大
  C.板厚计算时比平面尺寸时小   D.两者无关系

9.水泥混凝土路面采用的集料中有害杂质主要指( )的含量。

  A.硫化物和氯化物   B.硫化物和硫酸盐
  C.硫化物和云母   D.泥块和云母

10.《公路水泥混凝土路面设计规范》(JTG D40—2011)规定,路面板中产生最大综合疲劳损坏的极限应力的临界荷载位置为( )。

  A.板中部   B.板角处   C.横缝边缘中部   D.纵缝边缘中部

11.《公路水泥混凝土路面设计规范》(JTG D40—2011)规定,水泥混凝土路面板设计计算时,极限状态的表达式是以( )为计算点。

  A.板中部   B.板角处   C.临界荷位   D.板中部

12.关于接缝填料的材料,下列描述不正确的是( )。

  A.接缝填料应选用与混凝土接缝槽壁黏结力强、回弹性好的材料
  B.接缝填料应选用与混凝土板接缝槽壁收缩相适应,不溶于水、不渗水的材料
  C.接缝填料材料对温度没有要求
  D.接缝填料材料应在高温时不流淌、低温时不脆裂,还应耐老化

13.下列不可当作常用填缝材料的是( )。

  A.沥青玛蹄脂碎石及橡胶嵌缝条   B.氯丁橡胶类
  C.乳化沥青类   D.聚乙烯胶泥、沥青橡胶类

14.下列各项中哪些是在进行旧混凝土路面加铺层设计之前需要调查的内容?( )

  A.路面结构和材料组成、接缝构造及养护历史等
  B.环境条件:沿线气候条件、地下水位、路基和路面的排水状况以及周围居民生活习惯
  C.路面结构强度、路表弯沉、接缝传荷能力、板底脱空状况、面层厚度和混凝土强度等
  D.已承受的交通荷载及预计的交通要求:交通量、轴载组成及增长率等

15.接缝传荷能力评定等级为中时,应根据气温、荷载、旧混凝土路面承受能力、接缝处弯沉差等情况选用减缓反射裂缝的措施,下列措施不正确的是( )。

  A.增加沥青加铺层的厚度
  B.在加铺层内设置橡胶沥青应力吸收夹层、玻璃纤维格栅或者土工织物夹层
  C.沥青加铺层的上层采用由开级配沥青碎石组成的裂缝缓解层

D.在沥青加铺层上,对应旧混凝土面层的横缝位置锯切横缝

16.水泥混凝土路面工程施工过程中应检测强度,此强度是指(　　)。

A.抗扭强度　　　　B.抗弯拉强度　　　　C.抗剪强度　　　　D.抗压缩强度

三、判断题

1.面层内配置纵、横向钢筋或钢筋网并设接缝的水泥混凝土路面称为钢筋混凝土路面。（　）

2.在混凝土面层中掺入钢纤维的水泥混凝土路面叫作钢纤维混凝土路面。（　）

3.混凝土用量较低的水泥混凝土路面称作贫混凝土路面。（　）

4.计算路面结构可靠度时,考虑各项基本变量与时间关系所取用的基准时间称为设计基准期。（　）

5.路基可能产生不均匀沉降或不均匀变形时,可加设刚性垫层。（　）

6.垫层的宽度应与路基同宽,其最小宽度应为100mm。（　）

7.水泥混凝土基层应具有足够的抗冲刷能力和一定的刚度。（　）

8.路肩铺面可选用水泥混凝土面层但不得选用沥青面层。（　）

9.复合式路面沥青上面层的厚度一般为25~80mm。（　）

10.横向缩缝顶部应锯切槽口,深度为面层厚度的1/5~1/4,其宽度为3~8mm。（　）

11.在次要道路弯道加宽段起点断面处的横向接缝,应采用胀缝形式;膨胀量大时,应在直线段连续布置2~3条胀缝。（　）

12.边缘钢筋至纵缝或自由边的距离,在一般条件下应为100~200mm。（　）

13.连续配筋混凝土面层的纵向和横向钢筋均应采用螺纹钢筋,其直径应为12~16mm。（　）

14.纵向钢筋的焊接长度一般不小于10倍(单面焊)或5倍(双面焊)钢筋直径,焊接位置应错开,各焊接连线与纵向钢筋夹角小于60°。（　）

15.防冻垫层所用砂、砂砾材料中通过0.075mm筛孔细集料含量一般不宜大于总量的5%。（　）

16.加铺层设计应包括施工期间维持通车的设计方案。（　）

17.分离式混凝土加铺层的接缝形式和位置,按照新建混凝土面层的要求布置。（　）

18.板底脱空可根据面层板角隅处的多级荷载弯沉测试结果,并综合考虑唧泥和错台发展程度以及接缝传荷能力进行判别。（　）

19.水泥混凝土路面横坡率与公路等级无关。（　）

20.为了与不同公路等级相适应,水泥混凝土路面也被划分为高级、次高级、中级和低级4个等级。（　）

21.回弹仪检测水泥混凝土路面强度,回弹仪的轴线应始终垂直于混凝土路面。（　）

22.采用超声回弹法检验路面水泥混凝土抗弯强度,适用于龄期大于 7d,强度已达设计抗压强度 80%以上的水泥混凝土。 （ ）
23.水泥混凝土上加铺沥青面层的复合式路面,沥青面层不必检查弯沉。 （ ）
24.水泥混凝土路面所设的横向接缝,以错开为宜。 （ ）
25.在水泥混凝土路面中,基层是主要的承重层。 （ ）
26.水泥混凝土路面以板的疲劳断裂为设计标准。 （ ）

四、名词解释

1. 水泥混凝土路面

2. 横缝

3. 纵缝

4. 水泥混凝土路面可靠度

5. 轮迹横向分布系数

6. 翘曲应力

7. 翘曲变形

8.（混凝土板）胀缩应力

9. 路面结构可靠度系数 γ_r

10. 连续配筋混凝土路面

11. 钢纤维混凝土路面

12. 复合式路面

五、简答题

1. 简述水泥混凝土路面的主要力学特点。

2. 简述水泥混凝土路面设计的主要内容和程序。

3. 简述水泥混凝土面板设置接缝的原因和接缝的类型。

4.简述旧水泥混凝土路面加铺层的主要类型及其选用原则。

5.简述水泥混凝土路面的优缺点。

6.简述水泥混凝土路面结构板厚度计算流程或者步骤,并给出具体的校核不等式。

7.简述混凝土面层下设置基层的目的。

8.简述水泥混凝土路面的主要养护与维修方案。

9.简述普通水泥混凝土路面的主要损坏类型。在设计中应如何考虑？

10.简述水泥混凝土路面板中配置钢筋的作用。在什么情况下设置钢筋混凝土路面板？

11.简述水泥混凝土路面设计中的两种地基假设，以及它们各自的物理意义。

12. 简述温度疲劳应力系数 $k_t<1$ 的原因。

13. 请给出下面水泥混凝土路面结构组合形式的详细设计计算过程,即 E_t 如何计算,计算过程中分别采用什么模型(即单层板模型、双层板-结合式还是分离式模型)?

（水泥混凝土面板 h_c+旧水泥混凝土板(结合式)h_{jc}+水泥稳定碎石基层 h_{j1}+水泥稳定碎石基层 h_{j2}+级配碎石层 h_1+土基 E_0）

六、计算题

1. 某新建公路某路段,初拟普通水泥混凝土路面板厚 26cm,取弯拉弹性模量 3×10^4MPa；基层选用级配碎石,厚 20cm,回弹模量 350MPa；垫层为天然砂砾,厚 18cm,回弹模量 180MPa；路基土回弹模量 35MPa。试求该路段板底地基当量回弹模量 E_t。

2. 公路自然区划 Ⅱ 区某二级公路采用普通水泥混凝土路面结构,施工变异水平取中级。设计轴载 $P_s=100$kN,最重轴载 $P_m=150$kN。基层为级配碎石,厚 20cm。水泥混凝土板平面尺寸为宽 3.5m、长 4.5m,纵缝为设拉杆的平缝,横缝为不设传力杆的假缝。初拟板厚为 23cm,取弯拉强度标准值 4.5MPa,相应弯拉弹性模量为 29GPa,泊松比为 0.15。粗集料采用花岗岩,粗集料为花岗岩的混凝土线膨胀系数为 10×10^{-6}/℃。设计车道使用初期标准轴载日作用次数为 100,路床顶综合回弹模量为 60MPa,级配碎石基层回弹模量为 300MPa。

(1) 计算荷载疲劳应力。

(2)计算温度疲劳应力。
(3)验证该路面结构能否承受设计基准期内荷载应力和温度应力综合疲劳作用。

3.公路自然区划Ⅳ区新建一条一级公路,施工变异水平取低等级。拟采用普通混凝土面层,厚0.26m;基层采用水泥稳定砂砾,厚0.20m;底基层采用级配碎石,厚0.18m。行车道水泥混凝土面层板尺寸取5.0m×3.75m,纵缝为设拉杆平缝,横缝为设传力杆的假缝。设计轴载P_s=100kN,最重轴载P_m=180kN,设计基准期内设计车道标准轴载日作用次数为3000,交通量年平均增长率为4%。面层弯拉强度标准值f_r=5.0MPa,相应的弯拉弹性模量与泊松比分别为31GPa、0.15。混凝土粗集料采用砾石,其线膨胀系数α_c=11×10^{-6}/℃。路床顶综合回弹模量为80MPa,水泥稳定砂砾基层的弹性模量为2000MPa,泊松比为0.20,级配碎石底基层回弹模量为250MPa,泊松比为0.35。

(1)计算荷载疲劳应力。
(2)计算温度疲劳应力。
(3)验证该路面结构能否承受设计基准期内荷载应力和温度应力综合疲劳作用。

4.公路自然区划Ⅲ区新建一条高速公路,施工变异水平为低级。拟采用普通混凝土面层,厚 0.30m;碾压混凝土基层,厚 0.18m;面层与基层之间设置 40mm 厚的沥青混凝土夹层,底基层选用级配碎石,厚 0.20m。水泥混凝土上面层板的平面尺寸为 5.0m×4.0m。纵缝为设拉杆平缝,横缝为设传力杆的假缝。设计轴载为 P_s = 100kN,最重轴载 P_m = 250kN,设计基准期内设计车道标准荷载累计作用次数 N_e = 3.186×10^8。面层弯拉强度标准值为 5.0MPa,相应的弯拉弹性模量与泊松比为 31GPa、0.15;碾压混凝土弯拉强度标准值为 4.0MPa,相应弯拉弹性模量、泊松比为 27GPa、0.15。混凝土粗集料采用花岗岩,其线膨胀系数 α_c = 10×10^{-6}/℃。路床顶综合回弹模量为 80MPa,板底碎石底基层回弹模量取 250MPa。

(1)计算荷载疲劳应力。
(2)计算温度疲劳应力。
(3)验证该路面结构能否承受设计基准期内荷载应力和温度应力综合疲劳作用。

第十章

路基路面排水设计

[内容提要]

本章主要考查路基排水设计(包括路基地面排水设施设计和路基地下排水设施设计)、路面排水设计(包括路面表面排水设计、中央分隔带排水设计、路面内部排水设计、道路边缘排水设计和排水基层设计)的相关知识点。

学习要求:了解路基路面排水设计的任务和基本原则;了解路基路面排水设施设计和路基地下排水设施设计要求;了解路面表面排水设计、中央分隔带排水设计、路面内部排水设计、道路边缘排水设计和排水基层设计的方法及要求。

路基基本概念与构造。
(1)路基路面的强度和稳定性与水的关系。
(2)水的来源及其影响。
(3)路基路面排水设计的任务。
(4)路基路面排水设计的主要内容。
(5)路基路面排水设计的一般原则。

练 习 题

一、填空题

1.根据水源的不同,影响路基路面的水流可分为_____和_____两大类。

2.排水沟渠流速应_____不淤积的最小流速;大于容许流速时,应_____沟渠的坡度。

3. 排水沟渠加固的目的是防止_____与_____。

4. 流线型边沟适用于_____路段，石质边沟一般采用_____断面。

5. 常见的地表排水设备有侧沟天沟、急流槽、跌水、缓流井、边沟，以及_____等。

6. 当排水沟渠的纵坡 $i>7\%$ 时，应修_____或_____。

7. 跌水的构造分为_____、_____及_____三部分。

8. 当设置边沟时遇到挖方和填方均有困难的路段可_____，使路肩边缘距边沟底面高度符合最小填土高度的要求。

9. 浸水路堤外两侧水位上涨时，堤内水位比降曲线呈_____，此时动水压力对路堤边坡稳定性_____。浸水路堤外两侧水位下降时，堤内水位比降曲线呈_____，此时动水压力对路堤边坡稳定性_____。

10. 浸水路堤的最佳填料有_____，禁止采用的填料有_____等。

11. 当地下水位比较高，路基强度比较低时，亦可通过_____地下水位的方式来提高路基承载力，常用于路堑和低路堤。

12. 地表或地下排水不良路段，应采取措施改善或增设_____；旧混凝土路面结构排水不良路段，应增设_____。

13. 当地下水位比较高，且为层间水，无法用拦截、疏干地下水和降低地下水位的方式来处理，或采用其他方式处理不经济时，可用_____、_____的方法将地下水阻离在某一范围内，使其不危及路基。

14. 路面内部排水系统中各种排水设施的设计排泄量均应不小于路面表面渗入量的_____倍，下游排水设施的泄水能力应超过上游排水设施的泄水能力。

15. 从降低地下水位效果、方便施工和养护维修上看，用于降低路基下地下水位的渗沟宜设置在_____的位置。

16. 边沟纵坡一般与_____纵坡一致，并不得小于相应规范规定的最小值（一般为 0.5%）。

二、选择题

1. 当路基上侧山坡汇水面积较大时，应在挖方坡顶以外或填方路基上侧适当距离设（　　）。
   　A.边沟　　　　　B.截水沟　　　　　C.排水沟　　　　　D.渗水井

2. （　　）具有吸收、降低、汇集、排除地下水的功能。
   　A.暗沟　　　　　B.渗沟　　　　　C.截水沟　　　　　D.渗水井

3. 路基下有泉水时，可采用（　　）引导水流到路基以外。
   　A.明沟　　　　　B.暗沟　　　　　C.排水沟　　　　　D.渗水井

4. 路基边沟、截水沟、取土坑或路基附近的积水，主要通过（　　）排除到路基以外的天然河沟。
   　A.涵洞　　　　　B.盲沟　　　　　C.排水沟　　　　　D.跌水

5.排水沟渠加固类型的选择与(　　)无关。
　　A.土质　　　　　B.水流速度　　　　C.沟底纵坡　　　　D.断面形式
6.截水沟在平面上布置的特点是(　　)。
　　A.与水流方向平行　B.与水流方向相交　C.与水流方向垂直　D.因地形而异
7.影响排水沟渠加固类型的主要因素是(　　)。
　　A.沟底纵坡　　　B.土质　　　　　C.流速　　　　　D.流量
8.沟渠冲刷的最主要原因是(　　)。
　　A.流量过大　　　B.过水面积太小　　C.土质　　　　　D.沟底纵坡大
9.路基排水的目的是保证路基的(　　)。
　　A.强度　　　　　B.稳定性　　　　C.强度和稳定性　　D.干燥
10.某山区路线在路堑与高路堤接头处,路堑的边沟水通过(　　)引到路基以外。
　　A.急流槽　　　　B.截水沟　　　　C.排水沟　　　　D.盲沟
11.渗水井下部为排水结构,井深必须穿过不透水层而到达(　　)。
　　A.岩层　　　　　B.土层　　　　　C.不透水层　　　　D.透水层
12.地面和地下设置的排水沟渠长度,一般情况下(　　)。
　　A.宜短不宜长　　　　　　　　　B.宜长不宜短
　　C.因地形而异　　　　　　　　　D.依据路基纵坡而定
13.下列哪个选项属于路面表面排水系统的设计内容？(　　)
　　A.中央分隔带排水　　　　　　　B.截水沟排水
　　C.边缘排水系统　　　　　　　　D.基层的排水系统
14.当地下水埋藏较深或有固定含水层时,宜采用的地下水排除设施是(　　)。
　　A.渗沟　　　　　B.渗井　　　　　C.检查井　　　　D.暗沟

三、判断题

1.设置截水沟的主要目的是拦截地下水对路基的危害。　　　　　　(　　)
2.暗沟可以拦截、排除地下水。　　　　　　　　　　　　　　　　(　　)
3.排水沟渠实际流速小于容许不冲刷流速,故沟渠不会产生淤泥。　(　　)
4.在陡坡或深沟地段设置的坡率较陡,水流不离开槽底的沟槽为急流槽。(　　)
5.若沟渠的过水面积不变,容许流速一定,则水力最佳断面通过的流量最大。(　　)
6.截水沟离开挖方路基坡顶的距离满足最短距离后,还应根据土质和路堑深度而定。
　　　　　　　　　　　　　　　　　　　　　　　　　　　　　　(　　)
7.跌水每级高度与长度之比,应大致等于地面坡率。　　　　　　　(　　)
8.当地下水位比较高,且为承压水,无法用拦截、疏干地下水和降低地下水位的方式来处理,或采用上述方式处理不经济时,可用封闭、隔离的方法将地下水阻离在某一范围内,使其不危及路基的稳定性。　　　　　　　　　　　　　　　　　(　　)
9.地面水包括大气降水(雨或雪),以及海、河、湖、水渠及水库水等。(　　)

10.地下水包括上层滞水、潜水及层间水等,它们对路基的危害程度因条件而异。轻者湿软,降低路基强度;重者引起冻胀、翻浆或者边坡滑塌,甚至整个路基沿着倾斜基底滑动。

（　　）

四、名词解释

1.盲沟

2.跌水

3.最佳水力断面

4.截水沟

5.路面边缘排水系统

五、简答题

1.简述影响路基路面的水的来源。

2.简述水对路基路面的不利影响。

3.简述路面排水的主要作用及路面排水的内容和一般原则。

4.简述路面表面排水设计的原则。

5.简述排水沟渠设计的内容。

6.简述综合排水设计的含义。

7.路基的地面和地下排水设备分别有哪些?

8.什么情况下要进行地下排水设施设计？地下排水的主要原则有哪些？

9.地下排水结构物主要有哪几种？各适用于什么情况？

10.简述边沟和截水沟的主要区别。

11.简述倒虹吸和渡水槽两者的区别。

12.《公路排水设计规范》(JTG/T D33—2012)将中央分隔带排水划分为哪3种类型？

13.《公路排水设计规范》(JTG/T D33—2012)建议在什么情况下设置路面内部排水系统？设计时应符合什么要求？

第十一章 路面施工

[内容提要]

本章习题考查路面各种材料的施工工艺内容。习题内容主要涵盖了路面施工过程、施工机械、检测设备和方法，路面级配碎石层、无机结合料稳定材料、沥青混凝土和水泥混凝土层施工的关键节点和施工控制技术，级配碎石基层的组成设计与质量控制，无机结合料稳定材料基层、沥青路面和水泥混凝路面的质量控制要求等知识点。

练 习 题

一、填空题

1. 路面施工方法归类大致为人工施工、简易机械化施工、_____、水力机械化施工和爆破施工等。

2. 良好的路面结构组合设计、材料设计和厚度设计为路面使用寿命的延长提供了技术保障，而良好的_____则是实现这些技术的最后环节。

3. 在路面施工中要保证原材料质量合格、配合比准确、拌和_____、摊铺_____、碾压_____、接缝平整等，确保路面的工程质量。

4. 路基路面施工中常用的设备有拌和设备、_____、碾压（捣实）设备、振荡压路机、检测设备等。

5. 道路修建中所用压实机械有静作用光轮压路机、_____和振动压路机。

6. 影响级配碎石强度和刚度最重要的因素有原材料的质量、级配和_____；施工好的级配碎石具有较好的透水性、较好的 CBR 值和较高的_____。

7.用摊铺机摊铺级配碎石时,采用一台或者两台摊铺机梯队作业,并进行全幅摊铺。梯队作业要求两台摊铺机一前一后相隔_____的距离同步向前摊铺。

8.级配碎石在正式摊铺前,应通过试铺来确定松铺系数,试铺时可以按照松铺系数_____进行。

9.进行无机结合料稳定材料的组成设计时,首先根据强度标准,通过试验选取合适的土,确定最佳的结合料剂量和混合料的_____。

10.就无机结合料的强度形成机理而言,对于水泥稳定材料,有如下4种:_____、离子交换作用、化学激发作用和碳酸化作用;对于石灰土,有如下4种:离子交换作用、结晶作用、火山灰作用和_____。

11.石灰土中,土的黏性颗粒的活性强、比表面积大、表面能大,掺入石灰稳定材料后,形成的4种作用比较活跃,因此,石灰土的强度随土的塑性指数的增加而_____。

12.石灰土中的石灰应采用消石灰粉或生石灰粉,高速公路或一级公路宜用磨细的_____。石灰质量应符合Ⅲ级以上的技术指标,并要尽量_____石灰的存放时间。

13.沥青混凝土路面的施工与质量控制过程包括:材料和设备的准备,沥青混合料的拌和、运输、摊铺、_____和施工接缝的处理,以及沥青路面的质量检测。

14.沥青混合料中,沥青应采用导热油加热,严格掌控沥青与矿料的加热温度,应调节到能使拌和的沥青混合料满足_____要求,集料加热温度应比沥青加热温度_____10~20℃。

15.热沥青混合料在储料仓储存后,其温度下降不应超过_____℃。储料仓的储料时间一般不宜超过_____h,最多不得超过_____h。

16.对于高速公路和一级公路,沥青混合料开始摊铺时在施工现场等候卸料的运料车不宜少于_____辆。

17.摊铺机在对沥青混合料进行作业时,摊铺速度宜控制在_____m/min范围内,改性沥青混合料SMA宜控制在_____m/min范围内。

18.沥青混合料的压实层最大厚度不宜大于_____mm;沥青稳定碎石混合料的压实层最大厚度不宜大于120mm,但当采用大功率压路机且经试验证明能达到压实度时允许增大到_____mm。

19.水泥混凝土捣实机械的类型按其工作方法的不同可分为_____、附着式振动器、平板式振动器和台式振捣器。

20.水泥混凝土板的施工顺序为立模、安置钢筋网、混凝土拌和运输、摊铺与振捣、_____、表面处理、养护与填缝。

二、选择题

1.下列哪项内容不属于路面施工?(　　)
　　A.基层施工　　　　　　　　　　B.路基施工
　　C.沥青路面和水泥混凝土路面施工　　D.封层、黏层、透层施工

2.无机结合料处治粒料由级配碎石或级配砂砾等组成,是一种应用极为普遍的筑路材料。从结构力学角度考虑,级配碎石层属于( )。
　　A.柔性基层　　　B.刚性基层　　　C.半刚性基层　　　D.半柔性基层
3.下列哪项不属于水泥稳定材料强度形成机理的作用效果?( )
　　A.离子交换作用　　B.水泥的水化作用　　C.碳酸化作用　　D.火山灰作用
4.下列哪些材料适宜用作高等级道路沥青路面的基层?( )
　　A.水泥稳定碎石　　　　　　　　B.水泥土
　　C.石灰土　　　　　　　　　　　D.石灰水泥土及二灰土
5.沥青层用粗集料包括碎石、破碎砾石、筛选砾石、钢渣、矿渣等,但高速公路和一级公路不得使用筛选砾石和( )。
　　A.碎石　　　　　B.破碎砾石　　　C.矿渣　　　　　D.筛选砾石
6.严格掌控沥青与矿料的加热温度,应调节到能使拌和的沥青混合料满足出厂温度的要求。一旦混合料出厂温度过高,并已经影响沥青和集料的黏结力,按照规范的要求,此时的混合料应( )。
　　A.不用处理,照常继续使用　　　　B.返厂重新处理
　　C.降温后继续使用　　　　　　　　D.废弃
7.下列哪项不是水泥混凝土路面铺筑质量检查项目?( )
　　A.平整度　　　B.抗滑构造深度　　C.接缝顺直度　　D.油石比
8.热拌沥青混合料面层施工中,混合料的摊铺采用双机或三机递进式施工时,相邻两机的间距控制在( )m。
　　A.10~20　　　B.5~10　　　　C.5~20　　　　D.15~20
9.下列对沥青表面处治施工技术要求的叙述中,不正确的是( )。
　　A.按照洒布沥青及铺撒矿料的层次的多少,可分为单层式、双层式和三层式
　　B.沥青表面处治的集料最大粒径应与处治层的厚度大致相等
　　C.可采用道路石油沥青、乳化沥青、煤沥青铺筑
　　D.沥青表面处治宜选择在冬季施工
10.下列对无机结合料基层整型施工技术要求的叙述中,正确的是( )。
　　A.在曲线段,平地机由两侧向路中心进行刮平
　　B.在直线段,平地机由内侧向外侧进行刮平
　　C.在曲线段,平地机由内侧向外侧进行刮平
　　D.在直线段,平地机由路中心向两侧进行刮平
11.下列关于黏层施工技术的叙述中,不正确的是( )。
　　A.半刚性基层使用慢裂石油沥青洒布后会严重流淌,应使用快裂型沥青
　　B.适用于水泥混凝土路面、沥青稳定碎石基层或旧沥青路面层上加铺沥青层
　　C.其作用是使上下层沥青结构层或沥青结构层与结构物完全黏结成一个整体
　　D.使用乳化沥青时,宜使用快裂型的乳化沥青,而不可使用快、中凝液体石油沥青

或煤沥青

12.无机结合料基层的施工注意事项中,不包括(　　)。
　　A.水泥稳定土基层水泥剂量不宜超过6%
　　B.无机结合料基层施工应在干燥情况下进行
　　C.无机结合料基层施工宜在春末和气温较高的季节组织施工
　　D.水泥稳定土基层分层施工时,第二层必须在第一层养护7d后方可铺筑

13.沥青路面封层的主要作用不包括下列哪项?(　　)
　　A.使路面具有防冻、防滑作用
　　B.基层在沥青面层铺筑前,需临时开放交通,防止基层因天气或车辆作用出现水毁
　　C.当路的某一层表面破坏后造成离析、松散的地方,利用封层法可以进行加固补强
　　D.起基层与沥青表面层之间的过渡和有效联结作用
　　E.封闭某一层,起封水防水作用

14.根据《公路工程质量检验评定标准　第一册　土建工程》(JTG F80/1—2017),沥青面层的质量检验实测项目中,属于关键项目的是(　　)。
　　A.厚度　　　　B.平整度　　　　C.弯沉值　　　　D.中线平面偏位

15.沥青表面处治可以用于(　　)。
　　A.一级公路　　　　　　　　B.公路的硬路肩
　　C.二级公路　　　　　　　　D.一级公路沥青路面的下面层

16.高速公路和一级公路在正式铺设开工之前,应铺筑试铺段。试铺段应选择经验收合格的层位,其长度为300~600m,每一种方案各试铺(　　)m。
　　A.50~80　　B.80~100　　C.100~200　　D.200~300

17.沥青混合料的拌和时间由(　　)确定,必须使沥青均匀裹覆集料颗粒,并以沥青混合料拌和均匀为度。
　　A.主管领导　　B.当地气温　　C.材料　　D.试拌

18.沥青混合料的摊铺温度应符合《公路沥青路面施工技术规范》(JTG F40—2004)的要求,并根据沥青的标号、黏度、(　　)和摊铺厚度等选用。
　　A.道路等级　　B.基层材料　　C.路基强度　　D.当地气温

三、简答题

1.简述无机结合料组成设计流程。

2.简述水泥混凝土施工中采用引气剂的原因。

3.简述砂率对水泥混凝土性能的影响和选用合理砂率的意义。

4.无机结合料稳定材料施工中常用的质量检测仪器有哪些?

5.简述无机结合料稳定材料施工前试铺段需确定的主要内容。

6.简述路基路面工程在压实施工中确定各层压实度时应考虑的因素。

第十二章 路基路面养护与管理

[内容提要]

本章习题主要考查公路养护管理的基本概念、养护措施,路基技术状况评价与养护和维修的概念、方法和措施,路面技术状况评价(包括路面使用性能及其评价、路面破损状况评价、路面结构承载能力评价、路面使用性能综合评价方法和内容)等,路面状况调查评定与一般养护对策,以及水泥混凝土路面和沥青路面的常见病害,及其成因与相应的维修措施;我国现行养护规范中的路基路面状况评价与养护决策体系,路面管理系统的基本概念、基本内容,以及路面管理系统的基本构成及其作用等知识点。

练习题

一、填空题

1. 我国的公路养护按其工程性质、规模大小、技术难易程度划分为路面预防性养护、小修保养、中修、大修和_____5类。

2. 维修是指恢复路面行驶质量的主要活动,包括铣刨、_____等。

3. 路面破坏类型有结构性破坏和_____。

4. 在总结国内外养护技术和材料开发的基础上,公路养护、大修与改建技术措施主要包括下面几类:填缝与灌缝、冷铣刨、封层、_____和大修、改建与加铺。

5. 路面的使用性能包括功能、结构和_____。

6. 损坏状况评价一般将路面状况划分为_____、良、中、次、差5个等级,采用_____方法进行评价。

7.进行路面结构承载能力评价时,一般测定待评价道路的_____,再经过季节影响系数、湿度影响系数和温度影响系数修正后得到其代表值,并以该代表值作为路面结构强度等级的评价指标。

8.路面使用性能评价一般采用路面的_____进行评价。

9.路面弯沉常用的测试方法有静态弯沉测定和_____。

10.平整度的测定方法有断面类平整度测定和_____平整度测定。

11.路面抗滑摩阻系数的测定方法有制动距离法、锁轮拖车法、_____和可携式摆式仪法。

12.影响路面抗滑性能的主要因素有路面表面特性(微观纹理和宏观纹理)、路面潮湿程度和_____。

13.路面管理系统可划分为网级管理和_____管理。

14.路面管理系统涉及路面的规划、设计、_____、养护、评价和相关研究工作等。

15.反映平整度的技术指标主要有_____。

二、名词解释

1.结构性破坏

2.功能性破坏

3.路面安全性

4.路面功能性

5.路面结构性

6.公路路基养护评价指标体系

7.路面平整度

三、简答题

1.简述路基养护的主要内容。

2.简述路基养护的基本要求。

3.简述路基养护的对象与目的。

4.根据《公路技术状况评定标准》(JTG 5210—2018)的规定,沥青路面调查有哪几项?

5.路面使用性能包括哪几个方面?路面的分项评价指标有哪些?

6.沥青路面一般养护对策是根据什么确定的？分项路况评价包括哪些内容？

7.简述水泥混凝土路面养护的一般对策。

8.什么是路面管理系统？简述其作用。

9.简述网级路面管理系统。

附录1 交通量计算常用公式及表格

依据《公路沥青路面设计规范》(JTG D50—2017)(以下简称《沥青规范》),给出交通量计算中部分常用的计算公式。

$$\text{NAPT}_{mi} = \frac{\text{NA}_{mi}}{\text{NT}_m} \quad (\text{A}.3.1\text{-}1)$$

式中:NAPT_{mi}——m 类车辆中 i 种轴型的平均轴数;

NA_{mi}——m 类车辆中 i 种轴型的总数;

NT_m——m 类车辆总数;

$i = 1, 2, 3, 4$——分别为单轴单胎、单轴双胎、双联轴和三联轴;

m——《沥青规范》表 A.1.2 所列 2 类~11 类车类型编号。

$$\text{ALDF}_{mij} = \frac{\text{ND}_{mij}}{\text{NA}_{mi}} \quad (\text{A}.3.1\text{-}2)$$

式中:ALDF_{mij}——m 类车辆中 i 种轴型在 j 级轴重区间的轴重分布系数;

ND_{mij}——m 类车辆中 i 种轴型在 j 级轴重区间的数量;

NA_{mi}——m 类车辆中 i 种轴型的总数量。

$$\text{EALF}_{mij} = c_1 \, c_2 \left(\frac{P_{mij}}{P_s}\right)^b \quad (\text{A}.3.1\text{-}3)$$

式中:P_s——设计轴载(kN);

P_{mij}——m 类车辆中 i 种轴型在 j 级轴重区间的单轴载(kN),对于双联轴和三联轴,为平均分配到每根单轴上的轴载;

b——换算系数,以沥青混合料层层底拉应变和以沥青混合料永久变形量为设计指标分别分析沥青混合料层疲劳和永久变形时，$b=4$；以路基顶面压应变为设计指标分析路基永久变形时，$b=5$；以无机结合料稳定层层底拉应力为设计指标分析无机结合料稳定层疲劳时，$b=13$；

c_1——轴组系数，前后轴间距大于3m时，分别按单个轴计算，单轴 $c_1=1$；轴间距小于3m时，按《沥青规范》表 A.3.1-1 取值；

c_2——轮组系数，双轮组为1，单轮组取4.5。

轮组系数取值 表 A.3.1-1

设计指标	轮-轴型	c_1 取值
沥青混合料层层底拉应变、沥青混合料永久变形量	双联轴	2.1
	三联轴	3.2
路基顶面压应变	双联轴	4.2
	三联轴	8.7
无机结合料稳定层层底拉应力	双联轴	2.6
	三联轴	3.8

$$EALF_m = \sum_l \left[NAPT_{mi} \sum_l \left(EALF_{mij} \times ALDF_{mij} \right) \right] \quad (A.3.1\text{-}4)$$

式中：$EALF_m$——m 类车辆的当量设计轴载换算系数；

$NAPT_{mi}$——m 类车辆中 i 种轴型的平均轴数；

$ALDF_{mij}$——m 类车辆中 i 种轴型在 j 级轴重区间的轴重分布系数；

$EALF_{mij}$——m 类车辆的 i 种轴型在 j 级轴重区间的当量设计轴载换算系数，根据式（A.3.1-3）计算确定。

$$EALF_m = EALF_{ml} \times PER_{ml} + EALF_{mh} \times PER_{mh} \quad (A.3.1\text{-}5)$$

式中：$EALF_{ml}$——m 类车辆中非满载车的当量设计轴载换算系数，见表 A.3.1-3；

PER_{ml}——m 类车辆中非满载车所占的百分比，见表 A.3.1-2；

$EALF_{mh}$——m 类车辆中满载车的当量设计轴载换算系数，见表 A.3.1-3；

PER_{mh}——m 类车辆中满载车所占的百分比，见表 A.3.1-2。

2类~11类车辆非满载车与满载车比例 表 A.3.1-2

车型	非满载车比例 PER_{ml}	满载车比例 PER_{mh}
2类	0.80~0.90	0.10~0.20
3类	0.85~0.95	0.05~0.15
4类	0.60~0.70	0.30~0.40
5类	0.70~0.80	0.20~0.30
6类	0.50~0.60	0.40~0.50
7类	0.65~0.75	0.25~0.35

续上表

车 型	非满载车比例 PER_{ml}	满载车比例 PER_{mh}
8类	0.40~0.50	0.50~0.60
9类	0.55~0.65	0.35~0.45
10类	0.50~0.60	0.40~0.50
11类	0.60~0.70	0.30~0.40

2类~11类车辆当量设计轴载换算系数　　　表 A.3.1-3

车型	沥青混合料层层底拉应变、沥青混合料层永久变形量		无机结合料稳定层层底拉应力		路基顶面竖向压应变	
	非满载车 $EALF_{ml}$	满载车 $EALF_{mh}$	非满载车	满载车	非满载车	满载车
2类	0.8	2.8	0.5	35.5	0.6	2.9
3类	0.4	4.1	1.3	314.2	0.4	5.6
4类	0.7	4.2	0.3	137.6	0.9	8.8
5类	0.6	6.3	0.6	72.9	0.7	12.4
6类	1.3	7.9	10.2	1505.7	1.6	17.1
7类	1.4	6	7.8	553	1.9	11.7
8类	1.4	6.7	16.4	712.5	1.8	12.5
9类	1.5	5.1	0.7	204.3	2.8	12.5
10类	2.4	7	37.8	426.8	3.7	13.3
11类	1.5	12.1	2.5	985.4	1.6	20.8

$$N_1 = \text{AADTT} \times \text{DDF} \times \text{LDF} \times \sum_{m=2}^{11} (\text{VCDF}_m \times \text{EALF}_m) \qquad (\text{A.4.1})$$

式中：N_1——初始年设计车道日平均当量轴次（次/日）；

　AADTT——2轴6轮及以上车辆（即2类~11类车）的双向年平均日交通量（辆/日）；

　　DDF——方向系数；

　　LDF——车道系数；

　　m——2类~11类车辆类型编号；

　VCDF_m——m类车辆类型分布系数；

　EALF_m——m类车辆的当量设计轴载换算系数。

$$N_e = \frac{365 \times [(1+\gamma)^t - 1]}{\gamma} N_1 \qquad (\text{A.4.2})$$

式中：N_e——设计使用年限内设计车道上的当量设计轴载作用次数（次）；

　　t——设计使用年限（年）；

　　γ——设计使用年限内交通量的年平均增长率；

　　N_1——初始年设计车道日平均当量轴次（次/日）。

附录2

《公路沥青路面设计规范》(JTG D50—2017)中常用计算公式及表格

一、沥青路面结构设计常用规范表格

目标可靠度和目标可靠指标 表3.0.1

公路等级	高速公路	一级公路	二级公路	三级公路	四级公路
目标可靠度(%)	95	90	85	80	70
目标可靠指标β	1.65	1.28	1.04	0.84	0.52

路面结构设计使用年限 表3.0.2

公路等级	设计使用年限(年)	公路等级	设计使用年限(年)
高速公路、一级公路	15	三级公路	8
二级公路	12	四级公路	6

设计交通荷载等级 表3.0.4

交通荷载等级	极重	特重	重	中等	轻
设计使用年限内设计车道累计大型客车和货车交通量($\times 10^6$,辆)	≥50	50~19	19~8	8~4	<4

沥青混合料层容许永久变形量 表3.0.6-1

公路等级	沥青混合料层容许永久变形量(mm)	
	高速公路、一级公路	二级公路、三级公路
无机结合料稳定类基层、水泥土基层和底基层为无机结合料稳定类的沥青混合料基层	15	20
其他基层	10	15

低温开裂指数要求　　　　　　　　　　　　　　　　表3.0.6-2

公路等级	高速公路、一级公路	二级公路	三级公路、四级公路
低温开裂指数CI,不大于	3	5	7

注:竣工验收时100m调查单元内横向裂缝条数,贯穿全幅的裂缝按1条计,未贯穿且长度超过一个车道宽度的裂缝按0.5条计,不超过一个车道宽度的裂缝不计入。

抗滑技术要求　　　　　　　　　　　　　　　　　　表3.0.7

年平均降雨量（mm）	交工检测指标值	
	横向力系数 SFC_{60}^{a}	构造深度 TD^{b}(mm)
>1000	≥54	≥0.55
500~1000	≥50	≥0.50
250~500	≥45	≥0.45

注:[a] 横向力系数 SFC_{60} 用横向力系数测试车,在60km/h±1km/h车速下测定。
　　[b] 构造深度TD用铺砂法测定。

基层和底基层厚度　　　　　　　　　　　　　　　　表4.4.3

材料种类	集料公称最大粒径(mm)	最小层厚(mm)
密级配沥青碎石	37.5	100
半开级配沥青碎石	31.5	90
开级配沥青碎石	26.5	80
	19.0	50
沥青贯入碎石	—	40
贫混凝土	31.5	120
无机结合料稳定类	19.0、26.5、31.5、37.5	150
	53.0	180
级配碎石 级配砾石 未筛分碎石、天然砂砾	26.5、31.5、37.5	100
	53.0	120
填隙碎石	37.5	75
	53.0	100
	63.0	120

不同粒径沥青混合料层厚　　　　　　　　　　　　　表4.5.4

沥青混合料类型	以下集料公称最大粒径(mm)沥青混合料的层厚(mm),不小于					
	4.75	9.5	13.2	16.0	19.0	26.5
连续级配沥青混合料	15	25	35	40	50	75
沥青玛蹄脂碎石	—	30	40	50	60	—
开级配沥青混合料	—	20	25	30	—	—

无机结合料稳定类材料 7d 无侧限抗压强度标准（代表值）（MPa）　　表 5.4.4

材　料	结构层	公　路　等　级	极重、特重交通	重　交　通	中等、轻交通
水泥稳定类	基层	高速公路、一级公路	5.0~7.0	4.0~6.0	3.0~5.0
		二级及二级以下公路	4.0~6.0	3.0~5.0	2.0~4.0
	底基层	高速公路、一级公路	3.0~5.0	2.5~4.5	2.0~4.0
		二级及二级以下公路	2.5~4.5	2.0~4.0	1.0~3.0
水泥粉煤灰稳定类	基层	高速公路、一级公路	4.0~5.0	3.5~4.5	3.0~4.0
		二级及二级以下公路	3.5~4.5	3.0~4.0	2.5~3.5
	底基层	高速公路、一级公路	2.5~3.5	2.0~3.0	1.5~2.5
		二级及二级以下公路	2.0~3.0	1.5~2.5	1.0~2.0
石灰粉煤灰稳定类	基层	高速公路、一级公路	≥1.1	≥1.0	≥0.9
		二级及二级以下公路	≥0.9	≥0.8	≥0.7
	底基层	高速公路、一级公路	≥0.8	≥0.7	≥0.6
		二级及二级以下公路	≥0.7	≥0.6	≥0.5
石灰稳定类	基层	二级及二级以下公路	—	—	≥0.8[a]
	底基层	高速公路、一级公路	—	—	≥0.8
		二级及二级以下公路	—	—	0.5~0.7[b]

注：[a] 在低塑性土（塑性指数小于7）地区，石灰稳定砂砾和碎石的 7d 龄期无侧限抗压强度应大于 0.5MPa（100g 平衡锥测液限）。
[b] 低限用于塑性指数小于 7 的黏土，高限用于塑性指数大于或者等于 7 的黏土。

无机结合料稳定类材料的弯拉强度和弹性模量取值范围　　表 5.4.5

材　　料	弯拉强度（MPa）	弹性模量（MPa）
水泥稳定粒料、水泥粉煤灰稳定粒料、石灰粉煤灰稳定粒料	1.5~2.0	18000~28000
	0.9~1.5	14000~20000
水泥稳定土、水泥粉煤灰稳定土、石灰粉煤灰稳定土	0.6~1.0	5000~7000
石灰土	0.3~0.7	3000~5000

注：结合料用量高、材料性能好、级配好或压实度大时取高值，反之取低值。

常用沥青混合料 20℃ 条件下动态压缩模量取值范围（MPa）　　表 5.5.11

沥青混合料类型	沥青种类			
	70 号道路石油沥青	90 号道路石油沥青	110 号道路石油沥青	SBS 改性沥青
SMA-10、SMA-13、SMA-16	—	—	—	7500~12000
AC-10、AC-13	8000~12000	7500~11500	7000~10500	8500~12500
AC-16、AC-20、AC-25	9000~13500	8500~13500	7500~1200	9000~13500
ATB-25	7000~11000	—	—	—

注：1. ATB-25 为 5Hz 条件下动态压缩模量，其他沥青混合料为 10Hz 条件下动态压缩模量。
2. 沥青黏度大、级配好或空隙率小时取高值，反之取低值。

泊松比取值 表 5.6.1

材料类型	路基	粒料	无机结合料	密级配沥青混合料	开级配沥青混合料半开级配沥青混合料
泊松比	0.4	0.35	0.25	0.25	0.4

不同结构组合路面的设计指标 表 6.2.1

基层类型	底基层类型	设计指标
无机结合料稳定类	粒料类	沥青结合料层永久变形量、无机结合料稳定层层底拉应力
	无机结合料稳定类	
沥青结合料类	粒料类	沥青结合料层永久变形量、沥青结合料层层底拉应变、路基顶面竖向压应变
	无机结合料稳定类	沥青结合料层永久变形量、无机结合料稳定层层底拉应力
粒料类	粒料类	沥青结合料层永久变形量、沥青结合料层层底拉应变、路基顶面竖向压应变
	无机结合料稳定类	沥青结合料层永久变形量、沥青结合料层层底拉应变、无机结合料稳定层层底拉应力
水泥混凝土	—	沥青结合料层永久变形量

注:1.季节性冻土地区应增加沥青面层低温开裂验算和防冻层验算。
2.在沥青混合料层和无机结合料层间设置粒料层时,应验算沥青结合料层疲劳开裂寿命。
3.水泥混凝土基层应按《公路水泥混凝土路面设计规范》(JTG D40—2011)设计。

各个设计指标对应的力学响应及其竖向位置 表 6.2.2

设计指标	力学响应	竖向位置
沥青混合料层层底拉应变	沿行车方向的水平拉应变	沥青混合料层层底
无机结合料稳定层层底拉应力	沿行车方向的水平拉应力	无机结合料稳定层层底
沥青混合料层永久变形量	竖向压应力	沥青混合料层各分层顶面
路基顶面竖向压应变	竖向压应变	路基顶面

二、沥青路面结构设计常用计算公式

沥青混合料层疲劳开裂寿命(轴次) N_{f1}：

$$N_{f1} = 6.32 \times 10^{(15.96-0.29\beta)} k_a k_b k_{T1}^{-1} \left(\frac{1}{\varepsilon}\right)^{3.97} \left(\frac{1}{E_a}\right)^{1.58} (VFA)^{2.72} \quad (B.1.1-1)$$

无机结合料稳定层疲劳开裂寿命(轴次) N_{f2}：

$$N_{f2} = k_a k_{T2}^{-1} 10^{a-b\frac{\sigma_t}{R_s}+k_c-0.57\beta} \quad (B.2.1-1)$$

沥青混合料层永久变形量 R_a：

$$R_a = \sum_{i=1}^{n} R_{ai} = \sum_{i=1}^{n} \left[2.31 \times 10^{-8} k_{Ri} T_{pef}^2 P_i^{1.80} N_{e_3}^{0.48} \left(\frac{h_i}{h_0} \right) R_{0i} \right] \quad (B.3.2\text{-}1)$$

路基顶面容许竖向压应变 $[\varepsilon_z]$ (10^{-6}):

$$[\varepsilon_z] = 1.25 \times 10^{4-0.1\beta} (k_{T_3} N_{e_4})^{-0.21} \quad (B.4.1)$$

开裂指数 CI:

$$CI = 1.95 \times 10^{-3} S_t \lg b - 0.075(T + 0.07 h_a) \lg S_t + 0.15 \quad (B.5.1)$$

公路多年最大冻深:

$$Z_{max} = abc Z_d \quad (B.6.1)$$

附录3

《公路水泥混凝土路面设计规范》(JTG D40—2011)中常用计算公式及表格

一、水泥混凝土路面结构设计常用表格

可靠度设计标准 表3.0.1

公路技术等级	高速公路	一级公路	二级公路	三级公路	四级公路
安全等级	一级		二级	三级	
设计基准期(a)	30		20	15	10
目标可靠度 P_s (%)	95	90	85	80	70
目标可靠指标 β	1.64(1.6449)	1.28(1.2816)	1.04(1.0364)	0.84(0.8416)	0.52

变异系数 c_v 的变化范围 表3.0.2

变异水平等级	低	中	高
水泥混凝土弯拉强度	$0.05 \leqslant c_v \leqslant 0.10$	$0.10 < c_v \leqslant 0.15$	$0.15 < c_v \leqslant 0.20$
基层顶面当量回弹模量	$0.15 \leqslant c_v \leqslant 0.25$	$0.25 < c_v \leqslant 0.35$	$0.35 < c_v \leqslant 0.55$
水泥混凝土面层厚度	$0.02 \leqslant c_v \leqslant 0.04$	$0.04 < c_v \leqslant 0.06$	$0.06 < c_v \leqslant 0.08$

可靠度系数 γ_r 表 3-1

变异水平等级	目标可靠度(%)			
	95	90	85	80
低	1.20~1.33	1.09~1.16	1.04~1.08	—
中	1.33~1.50	1.16~1.23	1.08~1.13	1.04~1.07
高	—	1.23~1.33	1.13~1.18	1.07~1.11

注：变异系数在其变化范围的下限时，可靠度系数取低值；上限时，取高值。

交通分级   表 3.0.7

交通等级	极重	特重	重	中等	轻
设计基准期内设计车道设计轴载(100kN)累计作用次数 N_e(10^4)	>1×10⁶	1×10⁶~2000	2000~100	100~3	<3

水泥混凝土弯拉强度 f_r 标准值   表 3.0.8

交通荷载等级	极重、特重、重	中等	轻
水泥混凝土的弯拉强度标准值(MPa)	≥5.0	4.5	4.5
钢纤维混凝土的弯拉强度标准值(MPa)	≥6.0	5.5	5.5

水泥混凝土路面结构层最小防冻厚度(m)   表 3.0.9

路基干湿类型	路基土类型	当地最大冰冻深度			
		0.50~1.00	1.00~1.50	1.50~2.00	>2.00
中湿路基	易冻胀土	0.30~0.50	0.40~0.60	0.50~0.70	0.60~0.95
	很易冻胀土	0.40~0.60	0.50~0.70	0.60~0.85	0.70~1.10
潮湿路基	易冻胀土	0.40~0.60	0.50~0.70	0.60~0.90	0.75~1.20
	很易冻胀土	0.45~0.70	0.55~0.80	0.70~1.00	0.80~1.30

注：1. 易冻胀土——细粒土质砾(GM、GC)、除极细粉土质砂外的细粒土质砂(SM、SC)、塑性指数小于12的黏质土(CL、CH)。
2. 很易冻胀土——粉质土(ML、MH)、极细粉土质砂(SM)、塑性指数在12~22之间的黏质土(CL)。
3. 冻深小或填方路段，或者基层、垫层为隔温性能良好的材料，可采用低值；冻深大或挖方及地下水位高的路段，或者基层、垫层为隔温性能较差的材料，应采用高值。
4. 冻深小于0.50m的地区，一般不考虑结构层防冻厚度。

最大温度梯度标准值 T_g 表 3.0.10

公路自然区划	Ⅱ、Ⅴ	Ⅲ	Ⅳ、Ⅵ	Ⅶ
最大温度梯度(℃/m)	88~83	90~95	86~92	93~98

注：海拔高时，取高值；湿度大时，取低值。

水泥混凝土面层厚度的参考范围　　　　　　表4-3

交通等级	极重	特重			重			
公路等级	—	高速	一级	二级	高速	一级		二级
变异水平等级	低	低	中	低	中	低	中	低	中
面层厚度(mm)	≥320	320~280	300~260	280~240		270~230		260~220

交通等级	中等				轻			
公路等级	二级		三、四级		三、四级			
变异水平等级	高	中	高	中	高	中		
面层厚度(mm)	250~220	240~210	230~200	220~190	210~180			

2轴6轮及以上车辆交通量的车道分配系数　　　　表A.1.3

单向车道数		1	2	3	≥4
车道分配系数	高速公路	—	0.70~0.85	0.45~0.60	0.40~0.50
	其他等级公路	1.00	0.50~0.75	0.50~0.75	—

注：交通受非机动车和行人影响严重的取低值，反之取高值。

车辆轮迹横向分布系数　　　　表A.2.4

公路等级		纵缝边缘处
高速公路、一级公路、收费站		0.17~0.22
二级及二级以下公路	行车道宽>7m	0.34~0.39
	行车道宽≤7m	0.54~0.62

注：车道或行车道宽或者交通量较大时，取高值；反之，取低值。

综合系数 k_c　　　　表B.2.1

公路等级	高速公路	一级公路	二级公路	三级公路、四级公路
k_c	1.15	1.10	1.05	1.00

水泥混凝土弯拉弹性模量经验参考值　　　　表E.0.3-1

弯拉强度 f_r(MPa)	1.0	1.5	2.0	2.5	3.0
抗压强度(MPa)	5.0	7.7	11.0	14.9	19.3
弯拉弹性模量 E_c(GPa)	10	15	18	21	23
弯拉强度 f_r(MPa)	3.5	4.0	4.5	5.0	5.5
抗压强度(MPa)	24.2	29.7	35.8	41.8	48.4
弯拉弹性模量 E_c(GPa)	25	27	29	31	33

水泥混凝土线膨胀系数 α_c 经验参考值　　　　表E.0.3-2

粗集料类型	石英岩	砂岩	砾石	花岗岩	玄武岩	石灰岩
$\alpha_c(10^{-6}/℃)$	12	12	11	10	9	7

注：海拔高时，取高值；湿度大时，取低值。

二、水泥混凝土路面结构设计常用计算公式

$$\gamma_r(\sigma_{pr} + \sigma_{tr}) \leq f_r \qquad (3.0.4\text{-}1)$$

$$\gamma_r(\sigma_{p,\max} + \sigma_{t,\max}) \leq f_r \qquad (3.0.4\text{-}2)$$

$$\gamma_r \sigma_{bpr} \leq f_{br} \qquad (3.0.5)$$

$$N_e = \frac{N_s \times [(1 + g_\gamma)^t - 1] \times 365}{g_\gamma} \eta \qquad (A.2.2)$$

$$\sigma_{pr} = k_r k_f k_c \sigma_{ps} \qquad (B.1.2)$$

$$\sigma_{ps} = 1.47 \times 10^{-3} r^{0.70} h_c^{-2} P_s^{0.94} \qquad (B.2.2\text{-}1)$$

$$r = 1.21 (D_c/E_t)^{1/3} \qquad (B.2.2\text{-}2)$$

$$D_c = \frac{E_c h_c^3}{12(1 - v_c^2)} \qquad (B.2.2\text{-}3)$$

$$E_t = \left(\frac{E_x'}{E_0}\right)^\alpha E_0 = \left[\frac{\sum_{i=1}^n (h_i^2 E_i) / \sum_{i=1}^n h_i^2}{E_0}\right]^{(0.86+0.26\ln \sum_{i=1}^n h_i^2)} \cdot E_0 \qquad (B.2.4\text{-}1)$$

$$\alpha = 0.86 + 0.26\ln h_x \qquad (B.2.4\text{-}2)$$

$$E_x = \sum_{i=1}^n (h_i^2 E_i) / \sum_{i=1}^n h_i^2 \qquad (B.2.4\text{-}3)$$

$$h_x = \sum_{i=1}^n h_i^2 \qquad (B.2.4\text{-}4)$$

$$\sigma_{p,\max} = k_r k_c \sigma_{pm} \qquad (B.2.5\text{-}2)$$

$$\sigma_{ps} = 1.47 \times 10^{-3} r^{0.70} h_c^{-2} P_m^{0.94} \qquad (B.2.2\text{-}1)$$

$$\sigma_{tr} = k_t \sigma_{t,\max} \qquad (B.3.1)$$

$$\sigma_{t,\max} = \frac{\alpha_c E_c h_c T_g}{2} B_L \qquad (B.3.2)$$

$$B_L = 1.77 e^{-4.48 h_c} C_L - 0.131(1 - C_L) \qquad (B.3.3\text{-}1)$$

$$C_L = 1 - \frac{\sinh t \cdot \cos t + \cosh t \cdot \sin t}{\cos t \cdot \sin t + \sinh t \cdot \cosh t} \qquad (B.3.3\text{-}2)$$

$$t = \frac{L}{3r} \qquad (B.3.3\text{-}3)$$

路基路面工程习题集

$$k_{\text{t}} = \frac{f_{\text{r}}}{\sigma_{\text{t,max}}}\left[\alpha_{\text{t}}\left(\frac{\sigma_{\text{t,max}}}{f_{\text{r}}}\right)^{b_{\text{t}}} - c_{\text{t}}\right] \quad (\text{B.3.4})$$

$$\sigma_{\text{ps}} = \frac{1.45 \times 10^{-3}}{1 + D_{\text{b}}/D_{\text{c}}} r_{\text{g}}^{0.65} h_{\text{c}}^{-2} P_{\text{s}}^{0.94} \quad (\text{B.4.4-1})$$

$$D_{\text{b}} = \frac{E_{\text{b}} h_{\text{b}}^{3}}{12(1 - v_{\text{b}}^{2})} \quad (\text{B.4.4-2})$$

$$r_{\text{g}} = 1.21\left[(D_{\text{c}} + D_{\text{b}})/E_{\text{t}}\right]^{1/3} \quad (\text{B.4.4-3})$$

$$\sigma_{\text{bpr}} = k_{\text{f}} k_{\text{c}} \sigma_{\text{bps}} \quad (\text{B.4.2-1})$$

$$\sigma_{\text{bps}} = \frac{1.41 \times 10^{-3}}{1 + D_{\text{c}}/D_{\text{b}}} r_{\text{g}}^{0.68} h_{\text{b}}^{-2} P_{\text{s}}^{0.94} \quad (\text{B.4.2-2})$$

附录4

利用"好路网"设计软件需准备的设计参数

依据《公路沥青路面设计规范》(JTG D50—2017)和《水泥混凝土路面设计规范》(JTG D40—2011),路面结构设计时需要先登录好路网(www.goodpave.com),然后填写交通量信息、材料参数等。下面给出用户需要提前准备的必要设计计算参数。

一、沥青路面结构设计

首先,设计项目的基本信息包括:
(1)公路等级;
(2)起终点桩号;
(3)公路路面设计类型(如新建、改建);
(4)设计使用年限等。

1.交通参数

交通参数主要包括一般交通参数和轴重及当量轴载换算参数。

(1)【一般交通参数】页面

该页面主要录入交通基本参数(2轴6轮及以上车辆的双向年平均日交通量AADTT、交通增长率γ、方向系数DDF、车道系数LDF等)和不同输入水平下各种类型的车辆类型分布系数$VCDF_m$。车型类型分布系数($VCDF_m$)列表,用户可以从Excel中拷贝数据粘贴。

(2)【轴重及当量轴载换算参数】页面

该页面可在不同的输入水平下(水平一、水平二、水平三)进行数据录入。

①选用水平一时:主要针对不同车型下各种轴的轴载谱和轴数系数进行编辑。轴载

谱的编辑在单独的弹窗中进行,用户可以通过项目提供的"下载模板"功能下载 Excel 模板,通过导入事先编辑好的 Excel 文件进行编辑。

②选用水平二和水平三时:用户输入不同车辆类型的非满载车和满载车的比例,选择水平二时需要输入不同设计控制指标下的车辆当量换算系数 EALF。用户选择水平三时只能查看当量换算系数,不可以进行编辑。

2.路面设计参数

【结构与材料】页面:

该页面主要对路面结构层组合及材料参数进行编辑。结构层编辑包括新增层、修改、删除操作。路面各层设计结构的材料需要已知厚度 $h(mm)$、泊松比 ν、动态压缩弹性模量 $E(MPa)$、车辙试验试件的厚度(mm)、沥青混合料的沥青饱和度 VFA。

以下内容可以参照《公路沥青路面设计规范》(JTG D50—2017):

路面各个层位的厚度 h 可参照《沥青规范》中表 4.4.5 和表 4.5.4 来选取;

泊松比 ν 可参照《沥青规范》中表 5.6.1 来选取;

动态压缩弹性模量 E,沥青混合料可参照《沥青规范》中 5.5.11 条规定或者表 5.5.11 来选取,无机结合料稳定材料可以参照《沥青规范》中表 5.4.5 来选取,粒料层材料可以参照《沥青规范》中表 5.3.9 来选取,路基材料的可以参照《沥青规范》中表 5.2.2 来选取。

车辙试验试件的厚度一般取 50mm。

沥青混合料沥青饱和度 VFA(%),根据混合料设计结果或者按《公路沥青路面施工技术规范》(JTG F40—2004)中表 5.3.3-1~表 5.3.3-3 选取。

密级配沥青混凝土混合料马歇尔试验技术标准　　　　表 5.3.3-1

	设计空隙率 (%)	相应于以下公称最大粒径(mm)的最小 VMA 及 VFA 技术要求(%)					
		26.5	19	16	13.2	9.5	4.75
矿料间隙率 VMA(%), 不小于	2	10	11	11.5	12	13	15
	3	11	12	12.5	13	14	16
	4	12	13	13.5	14	15	17
	5	13	14	14.5	15	16	18
	6	14	15	15.5	16	17	19
沥青饱和度 VFA(%)		55~70		65~75		70~85	

注:当设计的空隙率不是整数时,由内插确定要求的 VMA 最小值。

沥青稳定碎石混合料马歇尔试验配合比设计技术标准　　　　表 5.3.3-2

试验指标	单位	密级配基层 ATB	半开级配面层 AM	排水式开级配磨耗层 OGFC	排水式开级配基层 ATPB
公称最大粒径	mm	26.5	等于或大于 31.5	等于或小于 26.5	等于或小于 26.5	所有尺寸
马歇尔试件尺寸	mm	φ101.6×63.5	φ152.4×95.3	φ101.6×63.5	φ101.6×63.5	φ152.4×95.3

续上表

试验指标	单位	密级配基层 ATB		半开级配面层 AM	排水式开级配磨耗层 OGFC	排水式开级配基层 ATPB
击实次数(双面)	次	75	112	50	50	75
空隙率 VV	%	3~6		6~10	不小于18	不小于18
稳定度,不小于	kN	7.5	15	3.5	3.5	—
流值	mm	1.5~4	实测	—	—	—
沥青饱和度 VFA	%	55~70		40~70	—	—

SMA 混合料马歇尔试验配合比设计技术要求　　表 5.3.3-3

试验项目	单位	技术要求		试验方法
		不使用改性沥青	使用改性沥青	
马歇尔试件尺寸	mm	$\phi 101.6 \times 63.5$		T 0702
马歇尔试件击实次数		两面击实50次		T 0702
空隙率 VV	%	3~4		T 0705
矿料间隙率 VMA,不小于	%	17.0		T 0705
粗集料骨架间隙率 VCA_{mix},不大于		VCA_{DRC}		T 0705
沥青饱和度 VFA	%	75~85		T 0705

3.环境参数

(1)沥青层永久变形基准等效温度(℃):按所在地区,参考《沥青规范》G.1.2 取用。

(2)基准路面结构温度调整系数(结构层疲劳):按所在地区,参考《沥青规范》G.1.2 取用。

(3)基准路面结构温度调整系数(路基顶面压应变):按所在地区,参考《沥青规范》G.1.2 取用。

(4)冻结指数下(℃·日):按《沥青规范》B.1.1 采用内插法选取。冻结指数下用于计算季节性冻土地区调整系数。

二、水泥混凝土路面结构设计

(1)一般设计参数包括:公路等级、变异水平、可靠度系数、公路自然区划、最大温度梯度、路面结构层最小防冻厚度(mm)等。

(2)交通荷载参数设计轴载单轴重(kN)、最重轴载单轴重(kN)、设计车道年平均日货车交通量[辆/(车道·日)]、年交通增长率(%)、车辆轮迹横向分布系数、每3000辆2轴6轮及以上车辆中出现的单轴次数及其对应的轴载谱[需要给出从0到300kN,每隔5kN之间的轴重在整个所有车辆中出现的频率(%),可以从外部文件导入该数据]。由上述数据可以获得设计基准期内设计轴载累计作用次数(万次),以及对应的交通荷载等级。

(3)设计路面结构类型(新建结构路面设计、旧水泥路面加铺层设计、旧沥青路面加铺层设计)。

①新建结构路面设计中常规水泥混凝土路面设计。

需要的设计资料有:路基土类型、路基回弹模量(MPa)[可参照现行《水泥混凝土路面设计规范》(JTG D40)E.0.1-1 选择]、路基回弹模量湿度调节系数、垫层和基层(材料的类型和厚度、泊松比)、面层混凝土材料(类型、厚度、弹性模量、混凝土粗集料岩性、混凝土线膨胀系数 $10^{-6}/℃$)、面层板横缝间距(即板长 m)、考虑接缝传荷能力的应力折减系数等。

②旧水泥混凝土路面加铺层设计。

该结构需要区分加铺层和原结构组成的形式,即选用分离式还是结合式来进行设计。该结构需要的材料参数除了可以参照前面(1)中提到的进行准备输入外,还需要获得旧混凝土路面的参数,如面层弯拉强度、弯拉弹性模量、旧水泥混凝土路面基层顶面当量回弹模量标准值(可由弯沉仪试验结果确定,也可由经验确定)。

③旧沥青路面加铺层设计。

该结构需要的材料参数除了可以参照前面(1)中提到的进行准备输入外,还需要获得旧路面的参数,如由弯沉仪测定的弯沉值,进而计算获得旧路面顶面当量回弹模量。

参 考 文 献

[1] 中华人民共和国交通运输部.公路工程名词术语:JTJ 002—1987[S].北京:中国标准出版社,1988.

[2] 中交第二公路勘察设计研究院有限公司.公路路基设计规范:JTG D30—2015[S].北京:人民交通出版社股份有限公司,2015.

[3] 中交路桥技术有限公司.公路沥青路面设计规范:JTG D50—2017[S].北京:人民交通出版社股份有限公司,2017.

[4] 中交公路规划设计院有限公司.公路水泥混凝土路面设计规范:JTG D40—2011[S].北京:人民交通出版社,2011.

[5] 于跟社.《公路路基施工技术规范》释义手册[M].北京:人民交通出版社股份有限公司,2019.

[6] 交通部公路科学研究院.公路沥青路面施工技术规范:JTG F40—2004[S].北京:人民交通出版社,2005.

[7] 交通运输部公路科学研究院.公路水泥混凝土路面施工技术细则:JTG/T F30—2014[S].北京:人民交通出版社股份有限公司,2014.

[8] 交通运输部公路科学研究院.公路路面基层施工技术细则:JTG/T F20—2015[S].北京:人民交通出版社股份有限公司,2015.

[9] 中交路桥技术有限公司.公路排水设计规范:JTG/T D33—2012[S].北京:人民交通出版社,2013.

[10] 中华人民共和国交通运输部.公路自然区划标准:JTJ 003—1986[S].北京:人民交通出版社,1986.

[11] 交通运输部公路局,中交第一公路勘察设计研究院股份有限公司.公路工程技术标准:JTG B01—2014[S].北京:人民交通出版社股份有限公司,2014.

[12] 交通运输部公路科学研究院.公路土工试验规程:JTG 3430—2020[S].北京:人民交通出版社股份有限公司,2020.

[13] 中华人民共和国住房和城乡建设部.土的工程分类标准:GB/T 50145—2007[S].北京:中国计划出版社,2008.

[14] 中华人民共和国交通运输部.公路工程无机结合料稳定材料试验规程:JTG E51—2009[S].北京:人民交通出版社,2009.

[15] 中华人民共和国交通运输部.公路工程沥青及沥青混合料试验规程:JTG E20—2011[S].北京:人民交通出版社,2011.

[16] 交通运输部公路科学研究院.公路沥青路面再生技术规范:JTG/T 5521—2019[S].北京:人民交通出版社股份有限公司,2019.

[17] 交通运输部公路科学研究院.公路沥青路面养护技术规范:JTG 5142—2019[S].北京:人民交通出版社股份有限公司,2019.

[18] 中华人民共和国交通运输部.公路环境保护设计规范:JTG B04—2010[S].北京:人民交通出版社,2010.

[19] 交通运输部公路科学研究院.公路路基路面现场测试规程:JTG 3450—2019[S].北京:人民交通出版社股份有限公司,2019.

[20] 中华人民共和国交通运输部.公路工程质量检验评定标准 第一册 土建工程:JTG F80/1—2017[S].北京:人民交通出版社股份有限公司,2017.

[21] 中华人民共和国交通运输部.公路养护技术规范:JTG H10—2009[S].北京:人民交通出版社,2009.

[22] 中华人民共和国交通运输部.公路技术状况评定标准:JTG 5210—2018[S].北京:人民交通出版社股份有限公司,2018.

[23] 中华人民共和国交通运输部.公路土工合成材料应用技术规范:JTG/T D32—2012[S].北京:人民交通出版社,2012.

[24] 黄晓明.路基路面工程[M].6版.北京:人民交通出版社股份有限公司,2019.

[25] 黄晓明.路基路面工程[M].5版.北京:人民交通出版社股份有限公司,2017.

[26] 陈忠达,原喜忠.路基支挡工程[M].北京:人民交通出版社,2013.

[27] 黄太华,袁健,成洁筠.特种结构[M].北京:中国电力出版社,2009.

[28] 邓学钧.路基路面工程[M].3版.北京:人民交通出版社,2008.

[29] 王秉刚.水泥混凝土路面设计与施工[M].北京:人民交通出版社,2004.

[30] 何兆益.路基路面工程[M].2版.北京:人民交通出版社股份有限公司,2020.

[31] 中交第二公路勘察设计院有限公司.公路挡土墙设计与施工技术细则[M].北京:人民交通出版社,2008.

[32] 薛殿基,冯仲林,等.挡土墙设计实用手册[M].北京:人民交通出版社,2009.

[33] 黄晓明,马涛.路面设计原理与方法[M].4版.北京:人民交通出版社股份有限公司,2021.

[34] 刘黎萍.新编路基路面工程[M].上海:同济大学出版社,2012.

[35] 张登良.沥青路面工程手册[M].北京:人民交通出版社,2003.